Prof. Dr. J. CAL-Vidal

APRENDE

A

APRENDER

NUESTRO PROCESO DE EDUCACIÓN EN CHECK

authorHOUSE®

AuthorHouse™
1663 Liberty Drive
Bloomington, IN 47403
www.authorhouse.com
Phone: 1-800-839-8640

First published by AuthorHouse 8/27/2010

ISBN: 978-1-4490-9543-7 (sc)

Printed in the United States of America

This book is printed on acid-free paper.

Todas las personas que habitan la tierra en que vivimos están aquí para contribuir, cada una con su manera peculiar, a la belleza y prosperidad del mundo.

Dalai Lama

A mis hijas Josy y Christy, que continúan aprendiendo a aprender, a pesar de todo,
DEDICO.

A la Ing. Clécia Carneiro, por la ayuda extraordinaria en todos los momentos del trabajo de edición
de este manuscrito, mi reconocimiento y gratitud.

AGRADECIMIENTOS

Este libro es el resultado de reflexiones hechas a lo largo de una rica experiencia académica y científica. En más de 40 años de convivencia universitaria en Brasil y en el Exterior, siempre encontré profesores muy verdaderos, que supieron transmitirme mucho más que las nociones comúnmente recibidas en un salón de clases. Algunos de ellos fueron mis modelos y su ejemplo trasparece en la mayoría de las páginas que siguen.

Mucho de lo que aquí presento nació en las conferencias que tuve oportunidad de ofrecer a estudiantes e investigadores de mi universidad. Fue la participación de estas personas muy especiales lo que motivó buena parte de los conceptos aquí expresados.

Mis agradecimientos se extienden a todos aquellos que discordaron con algunos puntos de vista, lo que me obligó a revisar conceptos y concepciones. Muchos de ellos no tienen nombre, porque me ofrecieron una valiosa contribución en las más diversas y adversas situaciones, durante congresos, viajes y permanencias en que participé durante mi vida académica.

Este libro está dedicado a todos los que fueron mis estudiantes -mis mejores colegas y amigos. Con ellos aprendí a aprender, y pude transferir esta tonificante experiencia de unos hacia otros. Espero que este ejercicio pueda continuar entre todos aquellos que participen de este nuevo encuentro.

Educar bien no significa hacer todo de la misma manera. Cada individuo no solamente es un 'mundo aparte', es también un mundo nuevo, apto a recibir en la medida en que tenga la oportunidad de ofrecer.

Índice

Prefacio

En el mundo actual, tanto a nivel nacional como internacional, crecen los desafíos de la ciencia y de la tecnología en todos los campos del conocimiento y actividad humana.

En Brasil son bien visibles las dificultades que enfrenta la evolución tecnológica, y muchos problemas son resueltos a base de improvisaciones. Se lee muy poco la literatura científica, y una buena parte de la actualidad científico-tecnológica nos llega fragmentada, a través de diversos medios académicos y de investigación.

El excesivo énfasis en un volumen muy elevado de información, en muchos casos obsoleta, en detrimento de la realización de ejercicios que conduzcan a la aptitud o formación, compromete la capacidad creativa de nuestros estudiantes.Tanto a nivel de graduación como de posgraduación, tenemos la utilización masiva del salón de clases, que en muchos casos constituye el principal medio en el *proceso* de educación. Son raros los cursos que utilizan la biblioteca en este *proceso*, considerando las dificultades de familiarización que encuentro en mis estudiantes de investigación.

Pero lo peor de todo es que estamos entrenando generaciones de jóvenes universitarios que no aprenden a aprender. No están aprendiendo a pensar. Ellos se conducen de un modo altamente mecanicista e inmediatista, que no les permite utilizar el razonamiento lógico en sus áreas de influencia o competencia.

Hace mucho tiempo vivimos en un país que burla la creatividad. Aquí se copia todo lo que se hace afuera, con muy poca atención hacia las leyes de patentes de otros países. Esta preferencia por la copia revela la falta de profesionales con capacidad innovadora, que tiene origen en una Universidad que está fallando en su papel principal.

Pecan todos aquellos que abogan por la masificación de nuestra enseñanza terciaria. Este *proceso* altamente demagógico en su esencia y consistencia está reduciendo nuestra enseñanza universitaria a niveles muy peligrosos. Es necesario entrenar bien. Nuestro país necesita hombres bien entrenados, capaces de resolver sus problemas sociales y tecnológicos de forma inteligente y apropiada. Millones de personas con un título universitario pueden no atender a este anhelo.

Aptitud y formación pueden ser obtenidas con estudio y consulta a libros técnico-científicos de reconocido mérito, la realización de estudios y simulaciones incluyendo problemas de nuestra realidad agrícola, industrial y social. La participación en proyectos de investigación en régimen integral debe ser parte del currículo universitario. El intercambio con centros de reconocido mérito en Brasil y en el Exterior debe ser insertado en la rutina de nuestros estudiantes universitarios.

En nuestro medio, al lado de profesionales que pueden estar transfiriendo la experiencia didáctica que recibieron, hay otros que ciertamente ya vivenciaron métodos mucho más modernos y efectivos. Es hacia estos últimos que vuelvo toda la esperanza de nuestros estudiantes e investigadores en entrenamiento.

1

Nuestro *Proceso* de Educación

PARA EMPEZAR, este título está mal. No existe un proceso para la educación. Proceso significa fabricación en masa o a gran escala, y no se fabrica a nadie. No se educa a nadie fabricando. No se produce a nadie en serie. La primera idea que quiero dejar bien clara es que no se debe masificar la Universidad. El tema es que no todos somos tallados para ser la misma cosa. La pregunta esencial es: **¿para qué venimos hasta aquí?, ¿para qué nacimos?, ¿hacia dónde vamos y qué es lo que queremos?** Estas preguntas tenemos que hacérnoslas casi que diuturnamente, para evitar la catástrofe que presenciamos. Un hombre o una mujer frustrada es una bomba atómica en movimiento. Nuestras vocaciones deben anteceder a nuestra formación. El primer problema que encuentro en la Universidad Brasileña es la preocupación excesiva con la ampliación del número de cupos, sin establecer una selección muy criteriosa englobando el concepto de 'hacia dónde vamos y qué es lo que queremos'. Yo conozco dos personas muy felices. Uno de ellos es un carnic-

La masificación de la Universidad

ero ruso que hoy es taxista en Nueva York. El otro es un lustrabotas mejicano que trabaja en el aeropuerto internacional de esta misma ciudad. Son las dos personas más felices que conozco en el mundo. Trabajan cantando, riendo. Son felices porque hacen lo que les gusta y les gusta lo que hacen. Nosotros tenemos que terminar con la idea de que es teniendo posesiones o títulos que obtenemos la felicidad. Debemos descubrir lo que queremos para entonces ser, y siéndolo vamos a alcanzar el objetivo que Dios nos destina a cada uno. Nosotros tenemos una misión aquí, y cada uno de nosotros tiene una misión que debe identificar con sí mismo.

Ser y tener

No es posible hacer una cosa bien hecha sin entusiasmo. Es el ingrediente máximo en cualquier proyecto de investigación, zapato lustrado o cuadro pintado. Existe mucha confusión en esta área, y la determinación parte del conocimiento de sí mismo. Diversas investigaciones y estudios han comprobado que es a partir de la claridad de lo que se quiere que un mayor o menor empeño en esa conquista puede venir a ser desarrollado. El mundo nos presenta varios ejemplos de esta realidad. El esfuerzo propio es mucho más importante que el número de horas de clase que tenemos en una determinada escuela o universidad. De cierto modo, los títulos universitarios para ciertas personas son vanidades, son etiquetas que de nada sirven. Lo importante es comenzar alguna cosa por la cual sentimos algún entusiasmo, sea lo que sea, e ir adelante. El verdadero ser humano se mide por los resultados que obtiene gracias a diversos factores, entre ellos, el imprescindible entusiasmo.

Títulos y entusiasmo

Hay otros ingredientes que pueden favorecer o limitar la realización de lo que más 'queremos'. Uno de los más comunes es el miedo que muchas veces nos impide ser lo que verdaderamente deseamos, dentro de una serie de opciones profesionales, abarcando diversos campos de actuación. La sociedad en que vivimos muchas veces nos cobra 'titulaciones' para las cuales no estamos 'tallados', y las personas que tienen el coraje de enfrentar la realidad de lo que quieren y marchan en esa dirección casi siempre encuentran al 'otro lado del puente' la mano previdente que tanto precisan. Es necesario descubrirse y seguir el camino, con coraje y fe.

Para algunos es un gran obstáculo la mercantilización de sí mismos. Yo encuentro personas que tienen una enorme confusión entre los conceptos de ser y tener. Consideran necesario tener para ser, y con dificultad aceptan la idea de ser antes de tener. Esta realidad está llevando a muchos de nuestros jóvenes en todo el mundo hacia el abismo, porque en muchas vocaciones el dinero no se hace tan evidente como en otras. Un criterio lamentable que nada tiene que ver con éxito o realización.

Un ser pensante

Lo que necesitamos es educar con la mira en desarrollar la práctica de pensar. Pensar es transformar una observación en alguna cosa nueva o diferente. Esto no significa una metamorfosis, o sea, diseccionar algo conocido para llegar a otro extremo. El pensador es por excelencia un ser creativo, capaz de resolver o desarrollar un problema o teoría, muchas veces de un modo poco convencional u ortodoxo. La historia de la ciencia está llena de buenos ejemplos.

En la condición de educadores y científicos, tenemos que asumir el compromiso de inculcar a nuestros estudiantes y asociados la capacidad de liderar mediante el ejercicio de la observación, el análisis y la imaginación. Creo que en el mundo actual existe una enorme diferencia entre un ser pensante y alguien que apenas ve el mundo a su alrededor. Quien solamente copia, no crea.

La aparente practicidad de la sala de aula engaña, limita, castra, frustra y vuelve a las personas menos de lo que deberían ser. La vida es un viaje, una estrategia y una oportunidad de ejercer la capacidad de pensar. En contraposición a la experimentada por los animales irracionales.

La sala de aula

El miedo y la aprensión pueden aun comprometer nuestra capacidad de pensar, en virtud de su intervención en el grado de libertad necesario para su propia realización. El privilegio de tomar parte en actividades universitarias debe ser entendido como una oportunidad única para ejercer nuestro liderazgo y pensamiento en una sociedad que carece de ambos. Yo no puedo entender un sistema educacional que no esté conciente de este papel. Más allá de todo, tenemos que ser libres -tómese este término en su más amplio sentido- incluyendo la oportunidad de que tengamos el tiempo lo suficientemente libre como para vivir el tiempo presente de la forma más creativa posible. Nuestra mente no puede ser ocupada con lo innecesario.

Libertad y pensamiento

Pensar y crear es una actividad para pocos. La investigación científica es la actividad más noble dentro de una universidad. Ella es en verdad lo que establece

Investigación científica y educación

la excelencia de una institución reconocida como tal. Yo diría que la actividad científica constituye en cualquier país un verdadero apostolado, que está al servicio de una misión educacional verdaderamente capaz de ofrecer la prerrogativa de aprender haciendo, contrariamente al de aprender oyendo. La formación de un verdadero líder lleva tiempo y exige el ejercicio serio de la imaginación y acción, algo difícil de encontrar en un sistema donde impere la pasividad.

Una buena idea puede valer más que el volumen de recursos destinados a una universidad a cada año. Yo no me refiero a los proyectos estructurales de un determinado Departamento o Biblioteca. Yo quiero enfatizar la importancia de un buen cerebro, que puede hacer una enorme diferencia en el país o en el mundo en que vivimos. Un verdadero científico no se compra con dinero, y él tampoco encuentra en éste la fuerza propulsora para su trabajo y realización. Infelizmente, también en esta área, percibo una gran confusión. Recordemos tan solo la gran contradicción que se establece cuando en la condición de científicos y educadores confundimos los productos generados en nuestros laboratorios (frutas en polvo, etc.) con los verdaderos productos: seres pensantes.

El producto principal de un buen laboratorio

Nuestros estudiantes necesitan tener un mayor contacto con la realidad que eventualmente enfrentarán. Un estudiante de agronomía debe, a lo largo de su curso universitario, familiarizarse con lo que sucede en una estancia o algo similar, envolviéndose en la problemática que muchas veces no ve en el banco escolar. Proyectos de investigación en tiempo integral deben hacer parte de los currículos de todos los

El aprender haciendo

cursos con carácter científico-tecnológico. La investigación es verdaderamente lo que yo llamo 'el educar haciendo'. Educar haciendo es mejor que educar hablando/oyendo.

Nuestros profesores han estado participando de programas de entrenamiento avanzado en el País y en el Exterior, generando una masa crítica de reconocido mérito, notorio en la realización de actividades de posgraduación, que constituyen un factor clave en la mejoría de la habilitación del profesional que tiene la oportunidad de ingresar al sistema. Con todo, tal esfuerzo por mejorar nuestros recursos humanos no parece surtir efecto alguno en los programas tradicionales de 'graduación', que siguen haciendo uso de métodos educacionales demasiado anticuados. La transferencia de la experiencia vivida, principalmente por aquellos colegas con entrenamiento en el exterior, debe ser más enfatizada.

Un líder o pensador solo puede ser considerado como tal cuando se conoce a sí mismo. Es el control de nosotros mismos lo que nos permite tener el control de lo que nos rodea. Yo no puedo amar a nadie si no me amo a mi mismo. Si cada uno de nosotros fuera capaz de descubrir el propio potencial dentro de aquello que verdaderamente queremos, conseguiríamos poner en marcha una fuerza de alcance infinito, capaz de mover montañas.

El conocimiento de si mismo y el proceso creativo

El proceso creativo que, como ya dijimos, engloba la observación y la capacidad de pensar, incluye también la analogía que permite la transferencia de una información o idea en la forma de una transposición de imágenes que constituye, en realidad, la imaginación, significando literalmente una determinada imagen puesta en acción. Una idea sin acción carece de resultado o significado. La curiosidad es esencial en la vida y es una condición *sine qua non* para ser creativo, así seamos investigadores, profesores o educadores. Hay una serie de aspectos notorios relacionados con la curiosidad cuando ésta es canalizada hacia el análisis o descubrimiento del comportamiento de la naturaleza. Es en esta última que reside la fuente inagotable de todo conocimiento y reserva, que necesita ser vista con otros ojos por todos nosotros. Vean los árboles, las flores, las hojas, ¡cuánta riqueza de detalles, de colores! En este momento, en las proximidades de nuestra universidad, yo veo una verdadera fiesta de colores en los árboles que cambian sus hojas. En la medida en que podemos ver el fenómeno más de cerca, es muy posible que en la riqueza de detalles podamos encontrar respuestas a problemas más complejos, del estilo de los que lidiamos en nuestros laboratorios. El proceso creativo tiene en la observación de la naturaleza una extraordinaria aliada. Grandes descubrimientos científicos tuvieron en la misma la analogía que tanto necesitaban. El ser curioso no constituye un privilegio de nadie, es algo que también puede ser adquirido.

Todos tenemos obstáculos a superar (el idioma, la dificultad para hablar); tenemos que vencer las dificultades dentro del contexto en que nos encontramos. Siempre es posible quedar paralizado por cualquier motivo. Si somos sinceros y queremos trabajar, todos los obstáculos son superables, inclusive en la educación. Yo considero que la Universidad Brasileña recibe un extraordinario soporte de diversos modos y

Fe, trabajo y apoyo: una necesidad constante

de diversas fuentes, a pesar del problema de la masificación, que una vez más condeno. En este momento nuestro Laboratorio recibe el apoyo de Órganos Federales y Estaduales, que en mucho dignifican nuestro trabajo y nuestro esfuerzo. Es posible conseguir apoyo cuando se es realmente sincero y se consigue un récord. La imaginación es muy importante, pero sin trabajo no tiene sentido. Podemos soñar, pero tenemos que realizar. Tenemos que insistir, creer, errar y repetir. Recomenzar y recomenzar.

Para obtener resultados tenemos que aceptar sacrificios. Algunos años sin recursos son necesarios para lograr un récord aceptable. Es preciso creer para lograrlo. Es necesario el auto-respeto para proseguir. El crecimiento de cada uno es el resultado de un continuado y sistemático esfuerzo para alcanzar el límite próximo a la perfección. Este ejercicio nos ayuda a ser mejores. Solamente no podemos parar. No debemos bajar del tren de la vida a menos que no queramos emprender el viaje. Si estamos seguros de lo que queremos, tenemos que seguir adelante.

Finalmente, lo que me gustaría enfatizar en esta exposición, que inicia una crítica a los métodos educacionales actualmente practicados en Brasil, es que padecemos todavía en nuestro medio de una incidencia grave del fenómeno que yo identifico como mediocridad crónica, que es responsable por el bajo índice de creatividad que se observa en nuestras universidades. Esto se traduce por la práctica excesiva de la copia manifestada en múltiples formas. La mediocridad puede tener origen en una deficiencia físico-orgánica, en un proceso de condicionamiento ambi-

Mediocridad crónica

ental pobre de estímulos y aun en consecuencia de un sistema escolar castrante, del punto de vista creativo. Ella puede ejercer un factor multiplicador a través de elementos que la poseen y ejercen su influencia en la prensa, en la política y hasta en la universidad, donde su pseudo-liderazgo puede producir fermentos muy dañinos. La mediocridad es un cáncer que tiene que ser extirpado de muchos lugares.

Todos podemos mejorar. Todos podemos ser mejores cada día si estamos dispuestos a eso. Tenemos que perseguir la excelencia en nuestro trabajo y en todo aquello en que nos empeñamos. Excelencia no es algo que etiqueta una determinada Institución de reconocido mérito. Ella representa una integral del esfuerzo hecho por cada uno de nosotros en el día a día, en la frontera donde nos encontremos. El ejemplo de sistemas y servicios existentes en instituciones-modelo en países de reconocido avance científico y tecnológico debe ser perseguido con vehemencia.

Excelencia y mérito académico

2

La Era
del Cuadernillo

SON CASI 9 HORAS DE LA MAÑANA. Mientras camino por las pocas áreas verdes de mi universidad, encuentro a diversos estudiantes sentados en el césped, en su totalidad portando un grueso cuaderno debajo del brazo. Algunos discuten partes de su contenido, de una forma más o menos nerviosa: es que una 'prueba parcial' más está por ocurrir... y el cuaderno es el único recurso del que disponen para cumplir una etapa a más en sus carreras.

Lo más grave de todo ello es que el cuaderno se constituye en el principal componente de nuestro proceso de educación. Alguien me dijo que él pasa de estudiante a profesor sin mayores alteraciones... y las implicaciones son en verdad muy graves.

Lo que observo en mi universidad se repite desde la educación primaria. Yo tengo dos hijas como testigos. Ellas pasan todas las mañanas anotando en un cuaderno lo que una profesora, siempre de espaldas, va escribiendo en un pizarrón verde (que antes era negro) de una información aburrida y poco actual. Ella transfiere un enmarañado de noticias, cuya finalidad principal es pasarlo a un cuaderno de un 'estudiante', preocupado única y exclusivamente con la prueba parcial que vendrá luego. En este proceso, poca importancia se le da a la Biblioteca, un verdadero depósito de libros que caen en el olvido y, por eso, en la ausencia de renovación. Por este sistema, lo que más se aprende es a copiar y memorizar. Yo diría que en nuestro país copiamos todo porque es justamente eso lo que aprendemos en nuestras escuelas, en cualquier nivel que se considere. El proceso, además de castrante y sofocante, limita la creatividad en sus más amplios aspectos. La excesiva pasividad en el proceso de exposición y copia en nuestros salones de clase conduce a la total imposibilidad de APRENDER A APRENDER, APRENDER A OBSERVAR, APRENDER A PENSAR.

La copia y la memorización

Yo percibo esta realidad con toda claridad en los profesionales graduados que recibo en mi laboratorio para realizar estudios de posgraduación. Una buena parte de ellos nunca tuvo la chance de consultar el original de un libro técnico, no conoce componentes fundamentales de la naturaleza vistos al microscopio, no consigue sacar conclusiones a partir de observaciones, las más fundamentales.

Aprender a pensar

El proceso o acto de pensar resulta de la capacidad de sacar conclusiones a partir de observaciones muy simples. Los grandes descubrimientos que han ocurrido a lo largo de los años son resultado de la identificación de 'accidentes' por personas que estaban preparadas para tal identificación. No se puede observar nada si no aprendemos a hacerlo desde nuestra infancia.

Durante un período reciente en que permanecí en Canadá, mis dos hijas (12 y 8 años) participaron de un año lectivo en una escuelita de Vancouver. En una visita que les hice quedé de veras maravillado. El salón de clase era un verdadero zoológico, con una infinidad de bichos de todas las especies. Los niños se mantenían ocupados observando comportamientos, reacciones, etc. Otro grupo, munido de lupas y otros recursos, andaba por el bosque para descubrir arañas, sapos y todo lo demás. Ellos estaban aprendiendo a 'observar' y en más de una ocasión los vi corriendo hacia una biblioteca impecable, donde trataban de conocer con más detalles lo que habían husmeado en el bosque. Este era un verdadero proceso de aprender a aprender...

El sistema educacional canadiense

La cuestión que levanto está lejos de ser graciosa. En verdad vivimos, en Brasil y en algunos países similares, una verdadera tragedia en materia de educación. El salón de clases es un proceso abominable que solo tiene sentido si es complementado inteligentemente con la participación de una biblioteca de buen nivel, la realización de pasantías de corta o larga duración, la participación en proyectos de investigación en tiempo integral, la obligatoria exposición de nuestros profesores (de cualquier nivel) a sistemas de enseñanza más eficaces, en países donde se practica una real evolución (Alemania, Inglaterra, etc.).

La sala de aula y nuestros profesores

En un libro reciente leí sobre la importancia de la acción en relación a la información. Yo diría que la

El peligro da la copia excesiva

aptitud y la formación es lo que en verdad necesitamos ofrecer a un joven. ¡Basta de información! Como aptitud y formación entiéndase el desarrollo de una real capacidad delante de lo nuevo. Más allá de la habilidad para aprender a pensar, una muy necesaria habilidad para innovar y crear. Nuestro país debe poseer uno de los más bajos perfiles en invenciones en los diversos campos técnico-científicos. Ciertamente esto está relacionado con nuestra ya tradicional actividad: ¡copiar!

Una de las consecuencias más lamentables de toda esta realidad reside ciertamente en el problema de no aprender a pensar. Esto genera naturalmente un individuo mediocre. Él puede estar en todas partes. En las propias escuelas, en las universidades, en la prensa, en la política, en el gobierno, etc. Un individuo que no aprendió a pensar en el tiempo debido, llega a la adultez sin una condición mínima para tomar decisiones originales e inteligentes. Él simplemente hace aquello que puede, sin poder establecer un claro liderazgo. Normalmente repite todo lo que oye, es influenciado con cualquier rumor o noticia y tiene un desempeño bien por debajo de la media...

Un país con un alto índice de mediocridad, agravado por un crecimiento poblacional desenfrenado, está caminando con pasos largos hacia el precipicio. Tenemos que terminar con la visión mediocre y demagógica que obliga a la masificación de nuestras universidades. Tenemos que revisar el concepto de educación en todos los niveles. Necesitamos eliminar a este mísero pizarrón y al cuadernillo. Ellos están

El pizarrón y el cuadernillo

liquidando la capacidad inventiva de nuestros jóvenes y generando adultos mediocres por todas partes.

¡Nuestro país necesita urgentemente de <u>líderes</u> y <u>pensadores</u>!

3

El Crimen
de los Apuntes

YO NO SÉ EXACTAMENTE cómo la práctica comenzó. El hecho es que los apuntes se establecieron en nuestro país con la misma fuerza del cuadernillo y el pizarrón. De un momento a otro todos comenzaron a producir apuntes. Alguien tenía unas buenas anotaciones de la 'asignatura' del año pasado y luego tuvo la idea de 'publicar' las mismas, aunque fuese de la forma más rudimentaria posible. Con el pasar del tiempo, el proceso fue siendo perfeccionado. Los propios profesores pasaron a ser autores de una publicación que empezó a recibir diferentes nombres, inclusive de disciplinas en las cuales no presentaban cualquier contribución.

Los apuntes y sus defectos

Derechos autorales ignorados, este tipo de 'publicación' clandestina comete un crimen mayor: distancia a nuestros estudiantes, ya a partir de la secundaria, de la consulta a los buenos libros. Con este instrumento, cada vez más incompleto y resumido, se intenta substituir el hábito de la consulta a autores consagrados, por una lectura telegráfica en 'trabajos' hechos a las apuradas, llenos de imperfecciones, con contenido y 'verdades científicas' mal expresados y dudosos.

Con el tiempo surgió la industria de los apuntes. Iniciada por los famosos cursos preparatorios a exámenes de ingreso universitario, luego llegó a la escuela secundaria y universidad. Su osadía es tan grande que se llegaron a establecer acuerdos con tales centros educacionales para conseguir la obligatoriedad de compra de 'sus' apuntes por la totalidad de sus estudiantes, enlazando las mensualidades escolares con tal compra. El proceso es absurdo en varios aspectos: en primer lugar, universaliza el uso de una fuente de estudios que no tiene cualquier valor técnico-científico, comprometiendo seriamente la educación y formación recibida por nuestros estudiantes. En segundo lugar, aleja a nuestros jóvenes del contacto con los buenos libros y obras clásicas de referencia, esto automáticamente coloca la calidad de nuestros universitarios y profesionales en seria desventaja cuando se compara con los académicos de otros países. En tercer lugar, crea en nuestros escolares el hábito de hacer todo por el camino más corto y fácil, los apuntes son una especie de substancia de fácil digestión que impide la utilización del análisis y del razonamiento de forma más amplia y concreta. Y finalmente, los conceptos de APRENDER A APRENDER, APRENDER A ESTUDIAR, APRENDER A PENSAR quedan seriamente comprometidos en sistemas que hacen largo uso de este recurso pseudo-didáctico.

Hace pocos días hice una experiencia dramática en

La complicidad de los centros educacionales

mi propia casa. Habiéndome negado a pagar la mensualidad del colegio de mis hijas con la inclusión de los apuntes, recogí en mi biblioteca particular algunos libros clásicos de química, física, geometría analítica, etc. Tengo una hija que cursaba la secundaria más avanzada y estaba ya fuertemente habituada al uso de los apuntes. Cuando le interrumpí el 'suplemento' quedó furiosa e hizo de mi casa un verdadero palco de guerra.

Cuando los vientos se calmaron, con bastante paciencia le presenté los libros. Le expliqué la ventaja de estudiar en los mismos por la riqueza de detalles y la forma clara de exposición. Dejé los <u>clásicos</u> sobre la mesa y dejé el recinto. Algún tiempo después vi los libros apilados en un estante donde generalmente guardamos las revistas viejas y lo que poco nos interesa. Los libros permanecieron allí algunos días, hasta que resolví traerlos de vuelta a mi biblioteca. Mi hija había decidido no tomar conocimiento de su contenido de modo alguno. Los libros constituían en verdad algo extraño, cuyo contacto ni llegara a ser considerado. Los apuntes ciertamente habían viciado a mi hija de tal modo que ella ahora estaba totalmente entregada a este camino más fácil. La palabra exacta es <u>viciada</u> y creo que ahora yo tengo un largo camino para recuperarla.

Lo que sucede en la secundaria se repite en la enseñanza terciaria. Lo más trágico es reconocer el hecho de que mismo entre aquellos profesores entrenados en el exterior, el vicio de los apuntes puede ocurrir. Cuando estos colegas estudiaban en los Estados Unidos o en Inglaterra, jamás deben haber estudiado en apuntes. Todavía, la larga utilización de este fatídico instrumento en nuestro medio lleva a algunos a ingresar en el 'club' poniendo en riesgo no solamente el grado de excelencia de nuestros programas de enseñanza, sino la propia formación básica profesional de nuestros jóvenes.

Yo sé que hay colegas y autoridades educacionales que se resisten a aceptar mis posiciones, que algunos llegan a considerar radicales. La cuestión, para ser mejor comprendida, es semejante al proceso que utilizan los pájaros adultos con sus pichones durante su permanencia en el nido: imposibilitados de volar e incapaces de deglutir el alimento comúnmente encontrado por los adultos, éstos pasan a ofrecerles todo bien masticadito, hasta el momento en que los pichones aprendan a sobrevivir independientemente. Lo peor de la historia es que en nuestra realidad educacional el pajarito jamás sale del nido, no aprende a volar y continúan ofreciéndole todo bien masticadito en los apuntes y pizarrones de nuestros 'centros educacionales'.

También hay otros que en este momento se preguntan: cómo algo tan dañoso y destructivo puede perdurar así de incólume a lo largo de los años... La verdad es que este tipo de instrumento de cierto modo 'facilita' el trabajo de todos. El profesor, luego de haber hecho los apuntes, satisface la voluntad de la gran mayoría de sus alumnos, que prefiere tener 'claramente definidos' los temas que van a caer en la prueba parcial. A su vez, con los apuntes, éstos <u>asumen</u> poseer lo 'más importante' y no precisarán 'perder tiempo' estudiando en libros que poca familiaridad les ofrecen. Los

'Ventajas' de los apuntes

coordinadores de programas ni toman conocimiento de este asunto. Su principal preocupación es que un número infinitamente elevado de horas de clase sean proferidas, poco importa cómo. En verdad, este número elevado de horas en nuestros cursos de secundaria o de graduación es también una invención bien nuestra. Ante la falta de buenos programas de formación, se inventó un enorme volumen de información que es presentado, en su mayor parte, de modo superficial a nuestros estudiantes. La Universidad Brasileña vive de la ilusión de que abarcando lo máximo se alcanza la perfección. La mayoría poco entiende de especialidad y mucho menos de profundidad. Nuestros académicos recién descubren esto cuando ingresan a la posgraduación, donde, a pesar de muchas fallas, algo se consigue en las áreas más volcadas hacia la investigación. Es en la investigación que nuestros jóvenes se convencen que es <u>haciendo</u> y no simplemente <u>oyendo</u> que verdaderamente se aprende algo nuevo.

Brasil necesita una gran revolución educacional. Ella ciertamente vendrá de parte de colegas responsables y de la propia inquietud de muchos jóvenes desilusionados con un sistema totalmente inadecuado a su formación y real competencia profesional.

4

Misión de la Universidad

La formación de un líder

AL CONTRARIO de lo que muchos piensan, no es posible formar líderes con el esfuerzo exclusivo de la universidad. La 'formación' de un líder presupone la convergencia de características personales en un individuo dado. Una serie de destinos, voluntades y determinaciones que eventualmente puede conducir al surgimiento de un líder en los momentos más diversos de una personalidad. Instituciones universitarias líderes en diferentes campos de estudio e investigación tienen una alta probabilidad de formar líderes que no fueron sus graduados. Docentes o visitantes viven en un momento dado de su desarrollo científico el descubrimiento, consagrándose como líderes. El Premio Nobel los consagra pioneros con reconocido mérito. Líder significa llegar primero, mostrar el camino, tener la oportunidad de participar de un estudio avanzado con posibilidades únicas de contribución y descubrimiento. Universidades líderes que conozco -como *Harvard University*

Instituciones líderes

y el *MIT* (Massachusets Institute of Technology) en Cambridge, Estados Unidos- detentan altísimos records de obtención del Premio Nobel, en las diversas áreas en que el mismo es concedido. Estas universidades tienen varias características en común; siendo la más evidente su extraordinaria capacidad para identificar y desarrollar estudios avanzados con carácter enteramente inédito. Para ser primero, es necesario no tener miedo a lo desconocido. Abrir caminos presupone una disposición y voluntad hacia lo que es nuevo e inexplorado. En el caso de una institución científica con pretensiones de volverse líder, es necesario preocuparse por el constante flujo de científicos con posibilidades de liderar y proponer proyectos, en niveles de tal modo avanzados, que permitan el propio liderazgo institucional.

Ser primero

La capacidad de pensar

Pensar no significa meditar sobre algo prefijado. Ni quedar deslumbrado con algo sorprendente, o contemplar el sistema planetario de modo vago y constante. Pensar presupone una capacidad para observar, seguida por una posibilidad de formar imágenes y obtener conclusiones inéditas. Fue esto lo que volvió a Madame Curie y a Fleming pioneros. Observar es más que mirar. Es imaginar lo que puede estar más allá de aquel cuadro que está siendo observado. Así, con la observación se llega a la imaginación, y de ésta a la creatividad, fruto del pensamiento. Existen aquellos que aprenden a observar y a imaginar, y por eso son creativos. El mundo necesita mucho a este tipo de seres para encontrar soluciones imaginativas y creativas para tantos problemas que nos afligen. El

Ser creativo

mundo precisa de pensadores. Basta de personas que solamente copian y repiten. Nosotros estamos cansados de rediseñar modelos desarrollados allá afuera. Países como el nuestro necesitan urgentemente a gente que termine con el hambre, defienda el verde, combata la basura y la podredumbre que tenemos alrededor. Que le haga frente al sistema bárbaro que entra a nuestras casas diariamente, e inesperadamente destruye la propia imaginación de nuestros niños. El mundo está cansado de esto. ¿Pero dónde están los líderes para hacerle frente a este estado de cosas? Líderes científicos, capaces de detener el proceso degradante en el mundo en que vivimos. Insisto, el mundo los necesita para encontrar soluciones nuevas.

Necesidades de líderes

Nuestro verdadero destino

Todos tenemos nuestras oportunidades. Todos. Basta que aprendamos a elegir los caminos desde muy temprano. Si queremos ser idiotas la vida entera, lo conseguiremos. Basta con ir detrás de todo el mundo y vivir el destino consecuente. Ser *follower* significa ser seguidor, y es esto lo que seremos si no aprendemos a encontrar nuestros propios caminos. El mundo está lleno de miedosos, de personas que no consiguen decir lo que piensan. Hacer evaluaciones de lo que más queremos es una forma de comenzar a creer en nuestro propio destino. Siempre es dable encontrar un mundo de posibilidades en nuestra vida si acogemos las señales que Dios nos ofrece. Todos encontraremos nuestro verdadero destino a partir del momento en que la voluntad de servir sea más fuerte que la de ser servido. Más allá de esto, es necesario desarrollar la idea de ser y entender que el tener es

Liderazgo sin fronteras

consecuencia. El mundo precisa personas que sean. En un país como Brasil urge la existencia de gente que lidere científica y técnicamente nuestra agricultura, por ejemplo. Urgentemente. Las posibilidades de servicio existen y son ilimitadas. Si quieres ser verdaderamente feliz, piensa en la idea de servir. Y a partir de esta realidad, vive sin fronteras.

El mundo no tiene fronteras

Todos tenemos derecho a vivir una vida digna. Dios no nos construyó en vano. Y yo no voy a repetir aquí el Evangelio. Yo puedo sí garantizarles que Dios extiende la mano a todos aquellos que tienen el coraje de emprender una vida de servicio. Muchas veces nosotros no Lo percibimos a nuestro lado tan claramente como cuando Lo descubrimos en tierras distantes, lejos de la comodidad que nos aniquila. Tienes que atravesar el puente, tomar el avión o equivalente. Él siempre estará del otro lado. Piensa en la posibilidad de crecer. Porque con tus características, inclusive la condición de ser divino, puedes llegar lejos y no vas a ser dejado en la cuneta. Armado con tu entrenamiento, puedes ser útil en algunos países donde la existencia de gente con tu calificación es sumamente rara.

En ciertos momentos sentimos un miedo horroroso, que se traduce en una enorme falta de fe para enfrentar una realidad que no conocemos. Todos preferimos vivenciar lo que nos es familiar, y de este modo evitamos los desafíos que nos llevarían al crecimiento. Para conocernos a nosotros mismos, es necesario salir del ambiente común que vivenciamos. Hay personas que pueden atestiguar el resultado favor-

Fe y espíritu de servicio

able que resulta de cambios ambientales en sus vidas, en el ansia de obtener una mejor capacitación profesional dentro de un verdadero espíritu de servicio. Un apreciable número de profesionales que trabajaron conmigo pueden confirmar esta verdad. La mayoría no sabía lo que enfrentaría cuando concluyó sus estudios de la graduación. La mayoría no retornó a su tierra porque fue elegida para asumir posiciones importantes en otras partes del país. Casi todos descubrieron que eran en verdad más capaces de lo que imaginaban.

Crecer y ofrecer

Pero nada de esto sería posible si no existiera el ansia por el crecimiento. Quien no quiere crecer, acepta lo mínimo que le ofrecen, y así pasa el resto de la vida de gota en gota. Para crecer es necesario querer crecer. Yo no puedo crecer si no lo quiero. Yo crezco cuando sirvo. Mi objetivo principal en mi trabajo es hacer con que algunas personas que pasan por mi camino cambien sus actitudes y concepciones. Esto ciertamente será mi mayor legado: cambiar algunas vidas para mejor. El día en que muchos colegas comprendan el alcance de esta misión, el mundo podrá ser mejor y nuestra propia existencia tendrá más sentido.

Conocimiento, acción e imaginación

La diferencia solo se descubre cuando estamos delante de una situación de desafío. Mucha cosa hay que se vuelve posible cuando parecía imposible en un principio. Cuando enfrentamos un desafío, pensamos que no podemos vencerlo, técnica y personalmente. Los

Límites de la posibilidad

límites de la posibilidad están dados por la capacidad de acción y por las circunstancias que se puedan imponer. Einstein decía que no importaba tanto el conocimiento y sí la acción. De poco sirven los muchos cuadernos con todas las teorías que se acumulan a lo largo de una vida escolar. Todo esto de nada sirve si no tenemos la acción. Y es lamentable que muchos tengan dificultad en entender lo qué es acción. Yo conozco casos en que individuos cambiaron sus destinos cuando iniciaron viajes internacionales y la sencilla voluntad y capacidad de acción cambió sus vidas enteramente.

Conforme lo expresamos anteriormente, la imaginación resulta del proceso de observación. Ella constituye la gran diferencia entre un individuo creativo o no. El conocimiento no es tan importante, principalmente si nos falta imaginación. Toda institución y todo individuo necesitan capacidad imaginativa para imponerse en un mundo altamente competitivo. La creación científica, por ejemplo, no puede prescindir de la imaginación, siendo el conocimiento un soporte de menor importancia en el contexto.

Ejercita tu pensamiento

En el momento en que ejercemos nuestro pensamiento, nuestra visión se amplía. Nuestro cerebro puede ser estimulado diariamente para afrontar nuevos desafíos o simplemente podemos promover su estancamiento. Una buena forma para conseguir esto es postrarse delante de cualquier periódico o canal de televisión de nuestro medio. Esta práctica te llevará a una fantástica toxicidad, una dosis altamente letal para su futuro. Nosotros necesitamos aprender a ejercer

La actividad intelectiva

la actividad intelectiva de modo inteligente y constructivo. Todos los grandes descubrimientos y todas las soluciones de los problemas que tenemos delante serán el resultado de la capacidad de pensamiento y visión de algunos pocos que se prepararon para eso. El mediocre quedará al margen, sentado en su sillón, mirando sus videos con las imágenes de su pasado. Nunca será posible la participación sin el esfuerzo que el pensamiento también exige. Son hombres de visión los que aprendieron, muchas veces en tierras distantes, prácticas y realizaciones que aun están por llegar aquí.

Esencia y pensamiento

En rigor, hacer repetidamente significa pensar repetidamente, porque casi todo lo que hacemos de cierta forma lo pensamos. Si vas todos los días a la cantina a hacer barullo, luego serás especialista en barullo. Te vas a enterar del próximo bochinche y vas a ser doctor en este asunto. Y posiblemente solo quedarás en eso. La biblioteca está bien de frente y nunca la visitas. Solamente vas allá si tienes una lectura obligatoria, y eventualmente asistes a un seminario si te ofrecen un certificado bien vistoso. Entonces eres eso, eres lo que haces repetidamente. Yo creo que muchos de vosotros estáis un poco perdidos en nuestra universidad porque hacéis un mal uso del tiempo. La excesiva programación en el salón de clases, dificulta la oportunidad de un uso más intensivo de la biblioteca, la realización de pequeños proyectos de investigación en áreas de interés, la participación de pasantías curriculares durante el curso y una serie de

Es uso del tiempo

actividades que os ayudaría mucho a ser verdaderamente mejores.

Creer en las circunstancias

Delante de las más diversas circunstancias que enfrentemos en nuestras vidas, nosotros tenemos que creer. Puede ser una cosa buena cambiar un poco. ¿Por qué no voy a hacer aquella pasantía que me ofrecieron allá en Rondônia? 'Oí decir que hay una comisión para proteger a los árboles que están amenazados por el fuego, y necesitan gente voluntaria, ofreciendo solamente el alojamiento. Yo tomé conocimiento del aviso pero no me importo'. Ésta sería, quién sabe, una excelente oportunidad de tener una mejor visión de la realidad… En la mejor de las hipótesis tenemos que creer en las circunstancias. Quién sabe en un dado momento encontramos el camino que buscamos.

Voluntad humana

En todo lo que hablé hasta ahora hay un poco de determinación y voluntad humana. Y esto es enteramente un proyecto individual. Yo no puedo seguir exactamente el camino que mis colegas siguen. Las ideas que cada uno tiene sobre su futuro académico y profesional no son las mismas que las del colega que está sentado al lado. No es posible copiarnos unos a otros, porque el mundo nos necesita como individuos. Nosotros podemos eventualmente desarrollar proyectos futuros coincidentes, pero no exactamente iguales. Los planes de vida que nos aguardan no son iguales y son por excelencia únicos. Por esto tenemos que comprender que estos programas no aceptan la

El camino de cada uno

idea del colectivismo. 'No se puede admitir que yo haga determinado curso porque María y Juana me dijeron que también lo harán'. La duplicidad de decisiones es un error fatal que se comete, despedazando el futuro profesional. Antes de decidir el futuro con base en los otros, es necesario oírse y entender las señales. Estas señales son diversas y en todas partes surgen de modo muy elocuente.

Nuestras experiencias y lo que hablamos son siempre el fruto real de una vivencia. Resulta muy difícil expresar una experiencia que no se conoce. Este testimonio es fruto de un proceso experimentado, que espero ayude a algunos a encontrar su propio destino.

Entusiasmo y triunfo

Nosotros vinimos al mundo para ser felices. Vinimos para vencer. Para alcanzar nuestro verdadero destino y colaborar en la Obra Divina que está por terminar. Y debemos trabajar en esta Obra. Nosotros no somos una obra divina totalmente terminada. Una forma de perfeccionamiento reside en colaborar de la forma más entusiasta posible en esta Obra. Existen muchas cosas que los ambiciosos hacen para destruir todo. Ustedes están muy cerca del verde, ¿qué han hecho por él? Plantar es sumamente importante, ¡pero proteger y preservar también lo es!

La Obra Divina

La experiencia es siempre la suma de lo hecho. ¿Qué has hecho? ¿Solo has oído? Es necesario actuar también. Si quieres adquirir experiencia, tienes que hacer. En verdad solo aprendes haciendo. Oyendo no aprendes casi nada. Es a partir de lo que hagas que vas poder a aprender.

Entrenamiento, ¿qué es?

El término entrenamiento se aplica erróneamente a muchas actividades pseudo-académicas y pseudo-científicas. En el modelo que tenemos en Brasil se insiste en componer los programas de investigación de la posgraduación con la realización de disciplinas de áreas diversas. Yo no considero como entrenamiento avanzado esta realización, que muchas veces compromete el propio desarrollo de la actividad principal: hacer un proyecto. Es a partir de este desarrollo que el entrenamiento avanzado surge realmente.

El desarrollo de una buena mente permite abrir caminos. Una buena mente ciertamente abrirá nuevos caminos para tu país y para muchas cosas que no imaginas. Pon tu mente al comando. Un científico, educador o profesor, si no tiene una buena mente no podrá controlar su propio destino ni el de aquellos que pasan por sus programas de entrenamiento.

Mente y entrenamiento

Poder y acción

La idea de poder está estrechamente ligada a la idea de acción. Todo lo que fue expuesto aquí busca aclarar algunos conceptos, para que obtengamos en nuestro medio un mejor ser humano. Yo creo que todos tenemos chance. Lo necesario es buscar ser mejores a cada día, utilizando los recursos de que disponemos. Espero que de algún modo, yo haya ayudado a alguien en el sentido de seguir el camino que Dios ciertamente le tiene reservado. Deseo que todos vosotros aprendáis a ser verdaderamente felices.

Por un ser humano mejor

5

Investigación: el Aprender Haciendo

PARA MATAR a un simple mosquito solo tendrás éxito si te concentras. La dispersión nada construye, por eso aprende a concentrarte. El ambiente de estudios poco difiere de un verdadero templo sagrado. El mismo clima de acogimiento y reflexión es necesario para quien reza o aprende.

Naciones preliminares

Nuestro idioma -el portugués- es impreciso en muchos aspectos. Muchos términos utilizados en ciencia y tecnología son imprecisos, al contrario del inglés. El término investigación (pesquisa), por ejemplo, poco significa para muchas personas. Su equivalente en inglés (*research*) traduce una idea de rebuscar, una y otra vez. De este modo, investigar (pesquisar) no significa tan solamente 'buscar', como muchos piensan, sino buscar muchas veces. Solo puede hacer investigación quien está dispuesto a buscar, repetir, reencontrar, reconsolidar, llegar y rebuscar. Y rebuscar es el aprender haciendo.

¿Y qué es aprender? En inglés, este proceso antecede

a *knowledge*, que significa el conocimiento adquirido por medio de los más diversos sistemas, medios o mecanismos que puedan llevar a lo que llamamos genéricamente 'aprender'. *To know* presupone el dominio de una determinada área de conocimiento, solo posible de ser alcanzada por medios o mecanismos apropiados. La sencilla idea de aprender 'mirando' es como participar de una obra de teatro sin tener la oportunidad de transponerse a la realidad que generó tal obra o escenario. Cuestiono todo medio educacional en que el educando es un mero agente pasivo, que no puede intervenir de algún modo en el proceso de obtener conocimiento. Esto no difiere substancialmente de lo que entendemos como información, cuyo alcance tiene las limitaciones de la noticia y cuya 'vida útil' es casi siempre muy corta. ¡Mucho cuidado! ¡Una persona puede poseer mucha información y no saber cosa alguna! Yo puedo ser un individuo que lee varios libros y ser un completo idiota. Al contrario del conocimiento, la información no asegura el dominio y la capacidad de resolver problemas, tan necesaria en el mundo en que vivimos. Información sin conocimiento no tiene sentido. Es un cuadro en la pared que llama la atención y no contiene mensaje alguno. Es una 'obra' abstracta.

Aprender, lo que es?

El concepto de hacer no está ligado al concepto de tiempo. Porque el 'tiempo' no es un parámetro confiable. El tiempo es un testigo en una situación o condición, en un experimento dado, por ejemplo. El término 'efecto del tiempo' no tiene sentido, porque en verdad no existe tal efecto. Existe el efecto de parámetros físicos, como la temperatura, la humedad relativa o la velocidad, cuyas consecuencias pueden

El 'efecto del tiempo'

ser medidas a lo largo de un cierto tiempo. Lo que sucede con los fenómenos de la naturaleza se aplica al mayor fenómeno que aquella generó: el ser humano. Todavía, al contrario de muchos fenómenos naturales cuyos procesos son gobernados por leyes muy precisas y simples, el hombre tiene un alto grado de dispersión, pudiendo realizar sus 'tareas' durante tiempos muy variables, por factores extraordinariamente complejos. De este modo, actividades similares son realizadas por personas en tiempos muy diversos. La noción de tiempo y la noción de hacer varían enormemente de persona a persona, en función de hábitos, tradiciones, *self-discipline*, actitud mental, etc. Así, lo que para uno corresponde a un minuto, para otros puede comprender una hora. En consecuencia, algunos hacen y muchos simplemente pseudo-existen. El proceso de aprender haciendo presupone un comportamiento propio del rigor científico, que no puede prescindir ni del uso eficiente del tiempo ni de la elección acertada de qué hacer. Este último asunto constituiría un tema aparte que no puedo abordar en este momento.

Observar: nociones preliminares

Jamás existiría un pensador si antes no hubiese un observador. Es imposible pensar sin observar. Mucha gente cree que 'pensar' corresponde a un proceso más o menos ordenado sobre algo, cuya expresión no posee aun una clara 'definición'. En la mayoría de los casos pensar resulta de una capacidad que todos nosotros podemos desarrollar a través del ejercicio de la observación e interpretación. Lo que normalmente se conoce como imaginación, es en verdad la

Observar e imaginar

capacidad de transponer imágenes reales en una perspectiva dada, capaz de generar 'nuevos conocimientos'. Muchos descubrimientos han sido fruto de este proceso. Algunos de los científicos más célebres de la humanidad utilizaron esta sencilla habilidad para realizar aquellos avances que tanto nos han beneficiado. Son ejemplos muy expresivos, Newton, Fleming, Curie y Einstein, entre otros.

¿Qué es observar? Observar, no es solo mirar. Observar significa tener la capacidad de usar los sentidos correcta y completamente. Muchas personas hay que no consiguen 'parar' un minuto y observar un árbol, una hoja, una flor, la riqueza de una piedra, la riqueza que la naturaleza nos ofrece, constante y prodigiosamente. La cantidad de detalles que tenemos adelante constituye un ejercicio de observación fantástico, que casi siempre pasa inadvertido. Casi siempre el modelo del farol del último modelo del automóvil del año, llena nuestra curiosidad de forma repetitiva e idiota. Naturalmente, cuando hablo de la riqueza que la naturaleza viva nos ofrece, no excluyo a las personas, que podemos apreciar mucho más allá de la apariencia…

El concepto de observar es amplio, y engloba mucho más que los cinco sentidos. La capacidad de percepción, es la capacidad que el cerebro tiene de controlar y distinguir situaciones nuevas. Esta habilidad puede ser desarrollada a lo largo del ejercicio.

La experiencia canadiense

En una experiencia que tuve en Canadá, quedé de veras impresionado al constatar que niños de ocho años de edad desarrollaban el ejercicio de la observación en animales que mantenían en su 'salón de clases', simplemente para estudiar su comportamiento, el cual era monitoreado con constantes visitas a la biblioteca. Era un ejercicio excelente de aprender haciendo y observando… En algunos países reconocidamente evolucionados, el tradicional salón de clases está siendo substituido por el ejercicio de la observación e interpretación del tipo existente en las escuelas de educación primaria canadienses. El salón de clases es condenable, porque en este somos meros espectadores. Una especie de pajaritos que esperan por alimentación bien masticadita, sin salir del nido. En nuestra realidad la masticación continúa en la vida adulta y de este modo nunca aprendemos a volar. Entiéndase como volar el aprender a usar la biblioteca, a observar y a sacar conclusiones de modo libre e independiente. Todos los cursos que preservan el salón de clases como único medio de formación son obsoletos porque no permiten el ejercicio de la creatividad, función primordial de la educación terciaria.

A nuestro alrededor tenemos buenos modelos que constituyen una excelente fuente de inspiración, mucho más rica que nuestros salones de clase. Tomemos el ejemplo de Norman Borlaug, Premio Nobel de la Paz en 1970. Un hombre fantástico que dejó la Universidad Americana para desarrollar experimentos en uno de los estados más pobres de México, Sonora. Allí desarrolló la Revolución Verde con experimentos genéticos que algunos conocen muy bien. Borlaug es un buen ejemplo de un hombre que hizo investigación teniendo un medio hostil como salón y venció el desafío porque echó mano a toda su creatividad.

La Naturaleza es ciertamente nuestra mejor escuela, y el ejercicio que tenemos que hacer a lo largo de nuestra vida, principalmente cuando lidiamos con ciencia. Entiéndase que la simple observación de la naturaleza no nos permite su completo entendimiento. Lo que quiero enfatizar, es que la naturaleza a nuestro alrededor nos proporciona una excelente motivación para encontrar en los buenos libros, la noción que necesitamos para la interpretación o experimentación del fenómeno natural.

Fenómeno natural

Leyendo y entendiendo ciencia

Para leer y entender ciencia es necesario superar algunas limitaciones. El mensaje científico tiene que ser comprendido de un modo totalmente diferente a un romance. Leer y entender ciencia puede constituir una gran dificultad, principalmente para las personas desmotivadas o incapaces de identificar un problema dado o estudio. Cuando leemos un romance de Simmel, famoso escritor austriaco, podemos quedar de tal modo 'ligados', que terminamos leyendo el libro completamente, en poco tiempo. En este tipo de lectura, nuestra imaginación 'viaja' y consigue 'participar' de episodios enteramente nuevos y sorprendentes. Leer un 'reprint' constituye una experiencia totalmente diversa. En este tenemos que ser selectivos, capaces de discernir lo que verdaderamente nos interesa como subsidio de nuestro proyecto o estudio. Normalmente tenemos que leer una y otra vez un mensaje que en principio poco entendemos, principalmente si a la época de nuestra lectura no hemos vivenciado cualquier experiencia/observación en el laboratorio. Leer ciencia implica, sobre todo,

El mensaje científico

Función educacional de la literatura técnica

la búsqueda incesante de respuestas para cuestiones bien formuladas en nuestra mente, luego de algún tipo de convivencia experimental con un fenómeno observable dado. Al contrario del romance, solo debes leer literatura científica si estás fuertemente motivado.

Hay personas que desarrollan intereses científicos por los más diferentes motivos. Infelizmente, en nuestro medio escolar y aun universitario, el trabajo de crear una mayor motivación científica en nuestros jóvenes es por demás limitado. En consecuencia de esto, hay mucha improvisación en el momento en que se resuelve dar inicio a una carrera científica, con un mínimo de información y vivencia. Naturalmente, en este análisis no podemos dejar de incluir el importante ingrediente de la vocación, cuyo aprieto por la más entusiasmada decisión intempestiva puede llevar a resultados desastrosos.

Interés científico en el medio universitario

El proceso que utilizamos para llegar a lo que queremos es en verdad simple, englobando en la mayoría de los casos experiencias más o menos precoces que marcan una inclinación, que muchas veces solamente es consolidada algunos años más tarde. Tales experiencias son en general asociadas a una cadena de valores y aspiraciones que desarrollamos en la madurez. La elección se tornará mucho más fácil en la medida en que haya la mínima intervención de personas que puedan, a partir del círculo familiar u otro, ofrecer interferencias nocivas al proceso de decisión. Hay personas que están interesadas en Medicina Veterinaria por una serie de razones; yo espero que la 'novedad' y 'popularidad' del curso no sea una de el-

El problema de la elección profesional

las… En mi Laboratorio yo recibo graduados en Ingeniería que desean trabajar en los proyectos que mi Grupo les ofrece: Retención de Aroma en Procesos de Deshidratación, Inducción de Cristalización en Azúcares de Frutos Liofilizados, Criopreservación de Frutos Congelados, Microestructura y Arquitectura de Sistemas Alimentarios. Estas Líneas de Investigación constituyen, antes que nada, una oportunidad de estudiar fenómenos con la aplicación de Principios y Aplicaciones de la Ingeniería de Alimentos. El desafío envuelto en la solución de problemas, que siempre surgen en el desarrollo de los Proyectos y Sub-Proyectos resultantes, constituye una posibilidad de aprender haciendo. Nosotros no estamos en verdad preocupados con la producción directa de un fruto deshidratado o congelado. Lo que pretendemos es el perfeccionamiento del cerebro humano a través del ejercicio de la generación de conocimiento por la observación, la capacidad de síntesis por la lectura objetiva al leer y entender ciencia y del desarrollo de la noción de aprender exponiendo y exponiéndose al medio y realidad científicos. Un proceso para tornarse mayor, aun siendo 'grande'… Pero, si alguien prefiere ser Músico o Cineasta, por favor no me preste atención alguna. Parta luego en busca de su ideal y sea verdaderamente lo que desea ser. El mundo está proyectado para recibir a personas felices, y ser feliz debe ser el objetivo mayor de todos nosotros. Debes ser lo que más deseas, independientemente de todas las ventajas y desventajas que otros consideren. Porque vas a convivir primordialmente contigo mismo y con todo aquello que derive de tu actuación, tomada en su más amplio sentido. ¡No nos esclavicemos! No seamos tentados por vicios del tipo 'campo

Haciendo y aprendiendo

Se feliz, se lo que más deseas

de trabajo', 'nivel salarial', 'status', etc. Coloquemos por encima de todo la voluntad de colocarnos al servicio de un destino superior, capaz de transformarnos en artífices de una Obra que nunca termina. ¡Mucho más importante que 'tener' es ser! ¡El mundo precisa de personas que son verdaderas, y verdaderamente son!

¿Qué es hacer ciencia?

Hacer ciencia no constituye un simple ejercicio de entrenamiento. Tampoco significa un intento de dominio de determinada área del conocimiento, consolidado principalmente por un cierto volumen de información. No puede ser entendido como una forma de promoción -pura y simple- para obtener títulos o algo semejante. En verdad, hacer ciencia constituye el mejor camino para develar secretos de una determinada parte de la Naturaleza, en un campo dado de estudios.

Al hacer ciencia nos involucramos en infinitas posibilidades para ejercitar y ampliar nuestro poder de observación que, como ya hemos enfatizado, constituye condición fundamental para el desarrollo de la acción pensante de un ser humano verdadero y pleno.

La Naturaleza nos presenta infinitas posibilidades de estudio y descubrimiento. Dentro de los más diversos campos del conocimiento humano todavía existe la oportunidad de experimentación. Sin importar tanto los recursos materiales disponibles, quien hace ciencia puede establecer vínculos y relaciones profesionales con muchos centros de investigación en todo el mundo, y participar de oportunidades de congraciamiento personal en múltiples encuentros y eventos científicos nacionales e internacionales.

Un verdadero científico puede hacer una enorme diferencia en el escenario universal, en la dinámica de un tiempo que necesita soluciones urgentes frente al hambre, la destrucción de nuestros recursos verdes, la superpoblación, miseria, escalada del crimen, enfermedades aun incurables, cambios climáticos, etc. El mundo precisa en cada nuevo tiempo de pocos pero excelentes científicos, hombres y mujeres que estén dispuestos a dar de sí antes de pensar en sí, como muy bien define un conocido lema rotario.

Precisamos de buenos científicos!

Aprender, ¿qué significa?

Al contrario de lo que muchos piensan, aprender no significa el cúmulo de información para parecer más ilustre. Yo puedo ser un hombre ilustrado y ser incapaz de enfrentar cualquier situación nueva que surja en mi día a día. Esto puede suceder en mi vida personal o profesional. Explico mejor: ser culto o ilustre puede parecer muy importante… pero puede también representar una condición inconsecuente en un momento dado en que necesitemos actuar de modo más racional e inteligente.

Algunos piensan que aprender implica leer todo lo que nos viene a las manos, para garantizar la actualización o 'dominio' de una realidad. Este proceso es algo parecido al que observamos en una 'esponja'. Con la misma facilidad con que absorbemos algo que nos parece 'nuevo', en un breve lapso dejamos de retener tal información, porque ella carece de mayor impor-

Lo que no es aprender

tancia o motivación a lo largo del tiempo. Aprender una determinada técnica o experiencia para garantizar un empleo puede ser interesante a primera vista, pero esta estrategia puede revelarse completamente vacía cuando descubramos que en el mundo debemos ser algo más que meros instrumentos de una sociedad incompleta cuando es vista exclusivamente desde la perspectiva de la productividad y *performance* funcional.

En verdad, aprender significa adquirir un instrumental capaz de municionarnos de habilidades para enfrentar lo nuevo, dentro del campo de estudios o de trabajo en que actuemos. Aprender debe estar siempre ligado a la idea de crecimiento y a la capacidad o disposición de ofrecer. Solo aprende quien adquirió una estructura mental flexible, capaz de responder de forma rápida y eficaz a las situaciones inusitadas de su campo de actuación.

Aprender, qué implica?

Información y formación

¿Cuál es la misión verdadera de la Universidad? ¿Qué significa formar personas?

Ciertamente, no podemos 'formar' a alguien ofreciéndole exclusivamente información. Formación sin la adquisición de aptitud no tiene sentido alguno. En la vida real, poseer conocimiento pura y simplemente de poco sirve. En múltiples situaciones necesitamos saber hacer. El médico puede conocer todo sobre anatomía humana y ser incapaz de diagnosticar una enfermedad, porque no sabe cómo actuar delante de determinado cuadro. Un mecánico puede haber hecho muchos cursos sobre la moderna tecnología automotriz, pero ser incapaz de descubrir un determinado defecto en su propio automóvil. Formación significa una capacidad de imaginación y acción. Aun los más inventivos, pocos resultados pueden alcanzar sin la necesaria acción para consolidar una determinada idea o emprendimiento. El mundo está lleno de soñadores que poco o nada consiguen porque no adquirieron la necesaria capacidad para materializar lo que anhelan. En la vida personal y profesional son los resultados obtenidos lo que verdaderamente cuenta.

Formación y acción

Yo no puedo entender formación sin el real desarrollo de la capacidad de pensar. Cualquier proceso educativo que no busque este objetivo, no merece la connotación de educacional. Porque para innovar o crear, lo que presupone el descubrimiento de algo nuevo, son necesarios el aprender a observar y pensar, condiciones mínimas para el proceso creativo, principal razón de un sistema educacional que busque la formación de individuos en condiciones de enfrentar la realidad que se caracteriza por una problemática en constante cambio y transformación. Lo que debe pretenderse es ante todo la producción de un individuo original, en condiciones de enfrentar lo nuevo con un instrumental mínimo necesario para entender y resolver cada situación como algo natural en su vida, en la realidad del trabajo que abrazó.

Bases para la creatividad

Algunos consejos de interés

Lee menos y haz más.
Limita al máximo tu área de interés.
No pienses en cuánto precisas 'ganar', sí en lo que honestamente puedes ofrecer.

No hagas curso (o similar) por imposición de quien quiera que sea.

Conócete verdaderamente y sé tu principal consejero.

Aprende a observar y a sacar conclusiones de modo independiente y objetivo.

Haz uso de la experimentación como una forma de conocer la verdad.

No defiendas o afirmes conceptos sobre los cuales no tienes dominio o una sólida base experimental.

6

Vocación, Desempeño y Credibilidad... ¿Y adónde queda la Creatividad?

STOS CONCEPTOS reciben una connotación realmente bien diferente de lo que en verdad son. Los tres primeros pueden convergir o no en lo que se conoce como creatividad, que en un último análisis es lo que hace una enorme diferencia en un individuo, institución o país.

Vocación, ¿qué es?

Vocación no es algo que viene de los otros. Vocación no es el resultado del pensamiento de un grupo. Yo no debo hacer 'ingeniería' porque mi clase resuelve eso. Vocación es en verdad un llamado a servir. Todos nosotros recibimos un llamado que surge de varias formas, en la mayoría de las veces de un modo único y especial que nos cuesta aceptar y creer, y por

Llamado a servir

eso fracasamos. Vocación es el inicio de un camino que debe ser tomado muy cuidadosamente. Quien se equivoca en la vocación -en el llamado- se equivoca para siempre, hace un casamiento imperfecto que difícilmente podrá quebrar. Yo sé que exagero un poco, pero la verdad es que quien así procede, será infeliz la vida entera. La vocación no es algo para nosotros mismos, pero para los otros. Una vida profesional solo tiene sentido si es diseñada para servir, para completar algo necesario para el país y el mundo en que vivimos.

Desempeño, ¿qué significa en verdad?

Este término es un tanto confuso para algunos. Está tomado de la ingeniería, y significa la capacidad de una determinada máquina para producir o realizar operaciones preestablecidas durante cierto tiempo. En nuestra realidad, desempeño puede significar la *performance* de una determinada persona para ejecutar tareas, las más diversas, la mayoría de ellas totalmente fuera de su área de actuación o competencia. Desempeño puede ser algo falso, que no traduce el verdadero mérito de un individuo.

Credibilidad, ¿para qué sirve?

A lo largo de nuestra vida recibimos crédito en las más diversas circunstancias. Nuestras familias casi siempre depositan en nosotros una esperanza, que se traduce en una credibilidad sin límites. A medida que crecemos recibimos la credibilidad de instituciones, que también esperan de nosotros algún tipo de 'retorno'. Cuando alcanzamos la edad adulta, la sociedad y el mundo nos cobran una actitud y contribución dignas de nuestra posición y responsabilidades. Este tipo de credibilidad es en verdad una proyección que no corresponde a una realidad, y en consecuencia, poco contribuye a la competencia profesional que se espera de cada uno de nosotros. Credibilidad puede ser ofrecida a una determinada universidad, que naturalmente no puede ser evaluada por la imponencia de su estructura física, pero sí por la real contribución ejercida por su cuadro de profesores e investigadores, en sus diversas áreas de competencia. Un laboratorio científico no puede existir ofreciendo ilusiones, porque la problemática que tenemos delante está ahí y ahora.

Credibilidad universitaria

La creatividad y su papel crucial en la innovación

La creatividad constituye la capacidad de integración de todos los recursos disponibles para producir algo nuevo. De poco sirve 'producir' trabajos científicos en número respetable para tan solo garantizar una credibilidad deseable. El avance de la ciencia y la tecnología dependen principalmente de la innovación. La investigación científica de buen nivel debe hacer el máximo uso de la creatividad para promover el flujo de recursos necesarios para su manutención e implementación. Cuando hablamos de creatividad, hablamos de cerebros. Ella hace parte de un proceso que germina a partir de una idea dada u observación, y toma forma por la imaginación de individuos verdaderamente privilegiados, capaces de transformar algo muy efímero en una incontestable realidad. El conocimiento no siempre constituye la gran diferencia, y sí la visión que tenemos de un dado problema.

Cerebros y creatividad

Hambre y destrucción da la naturaleza

Algunos de estos continúan siendo cruciales en virtud del tratamiento poco científico que reciben. Tal es el caso del hambre y de la continua destrucción de la naturaleza.

Nuestra realidad científica

El problema de la falta de creatividad se agrava con la evasión de cerebros hacia países que presentan un mayor estímulo. Aun en Brasil, esta pérdida es significante a cada año. La ONU clasifica, tomando en cuenta los niveles educacionales, de salud, bienestar social, evolución científica, protección ambiental y otros, los primeros 100 países según un índice que denomina de Desarrollo Humano. Brasil ocupaba en 1998 el 74º lugar, lo que refleja una situación dramática para un país como el nuestro. Nosotros necesitamos rever esta realidad. Necesitamos generar líderes verdaderos, capaces de transformar este momento en algo más prometedor, en cada uno de los sectores mencionados. En la actividad científica este liderazgo tiene que existir con una mayor autenticidad. No tiene sentido que en el momento en que necesitamos fomentar líderes en nuestras universidades, aun exista alguien que no incentive la investigación científica, inhibiendo su potencial creativo y la propia evolución de nuestra realidad.

Desarrollo humano, Brasil

Este fomento exige la sólida participación de elementos en condiciones de ofrecer apoyo y realización en un determinado emprendimiento. Es el trabajo conjunto dirigido hacia un único objetivo: alcanzar el resultado anhelado. En nuestra realidad, es común la marginalización de científicos que vuelven del exterior con muchas ideas y proyectos, con extraordinarias posibilidades de liderazgo. Éstos deberían tomar parte en decisiones importantes en las diversas esferas de nuestro momento educacional. Esta marginalización constituye un serio obstáculo para la propia evolución de nuestra posgraduación y programas de investigación. El mundo de nuestras universidades tiene que transformarse en algo más dinámico, hasta que se perciban cambios significativos de un día para el otro, incluso en la manera de pensar. Es necesario que haya un verdadero refinamiento en nuestra capacidad de observar, imaginar y pensar. Este nuevo *input,* si es debidamente integrado, podrá ejercer una enorme influencia en el medio universitario que lo reciba. Este modelo de esfuerzo contradice la centralización excesiva que observamos en nuestras instituciones universitarias. Pese al mérito y capacidad realizadora de ciertos individuos, el modelo de centralización al que están sujetos acaba por reducir esta misma capacidad de modo significativo.

Marginalización de científicos

Centralización universitaria

Cómo mejorar nuestro desempeño

Siendo nuestra principal actividad la que tiene carácter científico, cabe enfatizar lo que significa un verdadero desempeño. En verdad, éste solo será posible a partir del momento en que logremos reducir los desempeños menos relevantes. Actividades secundarias del tipo mecanicista, que exigen algún grado de concentración y una mínima creatividad, pueden comprometer seriamente un buen desempeño universitario. Este solo será posible con una dedicación exclusiva y constante y una vida de trabajo a lo largo de los años. La multiplicidad de intereses puede disipar energía y concentración, no permitiendo la acción científica de buen nivel. La ciencia no tiene fronteras, pudiendo un trabajo de mérito, hecho en determinado laboratorio, tener repercusión en cualquier otro país. Desempeño implica un extraordinario poder de selección (en un campo dado) y una consecuente dedicación diuturna. La vocación continúa ejerciendo un importante papel con el entrenamiento avanzado, convirtiendo jóvenes posgraduados en profesionales con un mejor desempeño. En la actividad científica se espera la convergencia de individuos de fe, porque el descubrimiento de un fenómeno natural es la mayor prueba de un gran desempeño.

Desempeño y selectividad

Bases del entrenamiento científico

Como indicamos anteriormente, todos nosotros recibimos credibilidad de parte de personas e instituciones de un modo más o menos gratuito. La credibilidad en el medio científico no se recibe así, tan fácilmente. En general, los científicos más jóvenes enfrentan una cierta resistencia delante de científicos más prominentes. En algunos casos, la propia institución o centro geográfico en que tiene sede un cierto laboratorio puede contribuir para una mayor o menor credibilidad, dada la existencia o falta de una tradición científica. Todo individuo que comienza presenta una baja credibilidad científica, aun poseyendo una cierta madurez y disposición para hacer ciencia. Es el perfeccionamiento de estas características, aliadas a un fuerte programa de trabajo, lo que podrá mejorar su credibilidad a lo largo de los años. Este esfuerzo no excluye la necesidad de constante persistencia, la obediencia a altos padrones morales y un continuo estado de alerta, propios de la verdad

Credibilidad científica

científica. Tal constituye la auto superación que tantos deben ejercer. Este proceso es muy lento, y puede llevar algunos años para que un determinado trabajo reciba credibilidad. En ciencia, el ejercicio de la verdad persigue el descubrimiento del fenómeno, su principal impulsor. Muchos de ellos aun sin comprobación. El trabajo de entrenamiento avanzado en nuestras universidades se enfrenta continuamente con la gran diferencia entre la preparación del candidato y el programa de maestría o doctorado. Un gran trabajo debe ser realizado para quebrar viejas costumbres e insertar una nueva mentalidad. Nuestros resultados no se atan a la transformación de productos con potencial industrial, sino sobre todo a la conversión de un individuo sin cualquier credibilidad científica en un ser, por lo menos, principiante de una carrera que cambiará su vida para siempre. En principio, cualquier persona con un mínimo de fundamentación teórica en disciplinas del ramo científico y un buen entrenamiento experimental en determinado campo de estudios, puede tornarse un científico de mérito, si sabe fomentar un auto-crecimiento continuado a través de una dedicación continua y verdadera. Factores que deben ser desarrollados adicionalmente engloban una capacidad de concentración superior, un liderazgo sabio, audaz y valiente, y una competencia tan humana como científica. Con estas características, es posible ganar la credibilidad científica internacional. Esta está relacionada con las varias facetas del mundo de la ciencia; para muchos un club cerrado, con pocas posibilidades de acceso, sobre todo si éste exige alguna dosis de madurez profesional. El madurar genera un mayor ordenamiento mental, per-

Descubrimiento del fenómeno: bases de la promoción científica

Científico de mérito

mitiendo un extraordinario aumento de la capacidad realizadora y creativa del hombre de ciencia.

El precio del éxito

Para vencer en la vida o en cualquier carrera científica, es necesario que sepamos concentrar todos nuestros recursos y esfuerzos en una dirección dada. Esto exige muchos sacrificios y renuncias. A lo largo de nuestro camino somos tentados muchas veces a aceptar cargos y encargos que por su naturaleza y desdoblamientos no nos corresponden. La ciencia pierde a cada día un significativo número de integrantes que son conquistados por la iniciativa privada, el servicio público, la función administrativa y otras actividades movidas por la vanidad, el dinero y la falta de motivación. El precio del éxito es la recompensa que surge, en los más diversos momentos, de un trabajo coronado por el reconocimiento internacional y el respeto de personas que hacen parte de un club infinitamente amplio y rico. Es común encontrar un nuevo colaborador en algún congreso que asistimos en Toronto o Budapest, o conocer personas que en verdad desean participar de nuestro esfuerzo en un proyecto dado de investigación a partir de la divulgación de nuestros estudios. En este contexto poco importa nuestra situación geográfica, pero sí la contribución de mayor o menor significación que estamos ofreciendo al mundo. Lo que cuenta es nuestra capacidad creativa y de realización, para resolver o colocar en perspectiva la solución de problemas que tengan trascendencia social, económica, educacional, técnico-científica, etc. No está de más destacar que la expresiva mayoría de los candidatos que recibimos

El reconocimiento internacional

para entrenamiento avanzado, terminan ofreciendo importantes contribuciones científicas a nuestro país y al mundo, ocupando por eso importantes posiciones académicas y científicas. ¡Éste es también el precio del éxito!

En busca del mérito científico

Hacer ciencia exige un constante perfeccionamiento. Este solo se vuelve posible por la continuada autodisciplina, fe en el trabajo y capacidad creativa. Una buena parte del tiempo se trabaja en lo invisible, en algo que existe pero no se percibe fácilmente. El científico verdadero debe transferir esa misma disciplina, esa misma fe a los jóvenes que él está transformando. Sin disciplina no habrá resultados, y sin resultados la fe pierde su alcance. Otra cuestión muy comúnmente discutida en la comunidad científica es la relacionada con la ambición del investigador. Muchos hay que se contentan con poco. Que no piensan en el descubrimiento como algo posible en sus laboratorios. Otros, sin embargo, tienen mayores expectativas, y son estos, en número reducido, los que responden por los grandes avances de la ciencia en el pasado y en el tiempo presente. De nada sirve que seamos muy inteligentes y 'esforzados' en el sentido eventual del término. Muchos son los que trabajan en sistemas más o menos compactados, interrumpiendo su 'turno' en períodos convencionales. Esta realidad corroe la autodisciplina y conduce fatalmente a una producción científica mediocre, afectando el propio mérito del investigador y de la institución que lo acoge. La actividad científica es por excelencia una actividad pensante, debiendo cada uno de sus

Iinvestigación y ambición

Desempeño de la función científica

integrantes ejercer esa condición en los momentos menos convencionales del día a día. Lo ideal es trabajar continuadamente en la medida en que sea posible tal acción, sin importar dónde y cuándo la función científica deba ser ejercida, en la medida que así lo permita nuestra actividad pensante. Un pintor y muchos otros profesionales que conocemos trabajan con las manos. Un científico es un ser pensante y es en esa condición que tiene que ser comprendido, siendo su obra básicamente la resultante. Eso no excluye su condición de ser humano, viviendo la problemática de un mundo altamente desordenado e indisciplinado, exigiendo la integración de personas que, aunque dedicadas a la ciencia, la mayor parte del tiempo son obligadas a convivir con una realidad convulsa y poco perfeccionada. Por eso es necesaria una rigurosa organización y disciplina para cumplir una agenda diaria de compromisos, al mismo tiempo comunes y fuera de lo común.

Organización y disciplina

En un país como el nuestro, el reconocimiento camina muy despacio, y muchas veces no llega para muchos de los profesionales que lo merecen. El mérito en ciertas personas es una peculiaridad rara, porque al no ser reconocidas, viven de la ilusión de un momento inalcanzable. En la actividad científica, es necesario tener mérito y ser reconocido delante del verdadero valor de una contribución dada o descubrimiento. El problema de un reconocimiento o evaluación reside en la dificultad para identificar componentes de mérito, capaces de traducir un valor real, del punto de vista innovador, alcance social, etc. En el Exterior, notoriamente en los países más avanzados, se practica el reconocimiento siempre que en una uni-

Mérito y reconocimiento

versidad o en un centro de investigación dado, algo de mérito deba ser proyectado. En un mundo donde no hay reconocimiento al mérito, surge la evasión de cerebros en detrimento de su propia creatividad. En ciertos casos, se da un incentivo exagerado a la promoción de individuos con una actitud esencialmente mecanicista. El ser humano necesita siempre de reconocimiento, porque no es una máquina.

Promoción universitaria en el medio científico

Independencia y colaboración en investigación no se compran, se conquistan. Al contrario de lo que ciertos reinados aseguran a sus descendientes, yo no puedo disfrutar de cualquier reconocimiento científico sin haber demostrado antes mi competencia y credibilidad. La libertad y los demás principios que permean al mundo académico se repiten en el día a día de nuestros laboratorios, que reciben a asociados única y exclusivamente con base en el mérito y en la competencia. Yo no puedo recibir a quien sea con la razón de hacer favores, o para promover a alguien que sabidamente no ofrece las condiciones arriba mencionadas. En algunos momentos de nuestro trabajo, podemos enfrentarnos con situaciones tragicómicas resultantes de diferencias de personalidad, que ciertamente existen entre individuos que se exponen a una vida de alto riesgo. Es común confundir simpatía con habilidad científica, y así las consecuencias van divirtiendo al mundo… La colaboración mutua solo es posible en la medida en que existan afinidades de orden personal, de formación y en el campo de trabajo.

Competencia y credibilidad

La universalidad de la actividad científica

La actividad científica es universal. Puedes trabajar con griegos, mahometanos, judíos o anglicanos. En nuestro Grupo ya trabajaron americanos, rusos, poloneses e hindúes. En este momento tenemos ilustres representantes de nuestra América Latina (Perú, Bolivia) y estamos relacionándonos con países tan diversos como Nueva Zelanda e Irak, que demostraron interés por estudios que tenemos actualmente en desarrollo en nuestro Laboratorio. Hace pocos años, en un congreso internacional realizado en Toronto, Canadá, yo estaba viendo el trabajo de un colega polaco que me llamaba la atención por la excelencia de sus resultados. En poco tiempo localicé al referido colega, e inmediatamente lo invité a trabajar conmigo en Lavras, posibilidad que se concretó algunos meses después, con la venida suya y de su familia, que mucho apreciaron la Universidad y nuestra Ciudad. Creo que éste es un excelente ejemplo de colaboración en los moldes preconizados en el ítem anterior. La actividad científica ofrece la posibilidad de un relacionamiento humano por encima de cualquier condición de nacionalidad, creencia, régimen o representación partidaria. Más allá de esto, existen muchas posibilidades de representación en los diversos niveles de la sociedad, condición que puede ofrecer oportunidades adicionales de participación y contribución a determinados individuos -miembros de la comunidad científica. La condición de científico presupone un individuo con la constante misión de solucionador y pacificador, esto le confiere tránsito libre en zonas de conflicto en casi todas las partes del mundo civilizado. La historia registra algunos episo-

Actividad científica y relación humana.

Misión pacificadora

dios condenables: la utilización de la fisión nuclear para fines destructivos, el uso de armas químicas, la guerra bacteriológica y los agentes defoliantes, una gran amenaza de nuestro tempo.

El poder de la crítica

La crítica es necesaria en la actividad científica y en el mundo académico. No es posible realizar cambios substanciales en el mundo en que vivimos sin una buena dosis de crítica. De modo específico, la evolución científica vive del poder de la crítica para encontrar sus propios rumbos. Algunas sociedades rechazan la crítica por tener miedo de encontrar la verdad. Algunas personas le temen a la crítica porque son inseguras, y consideran la misma como una amenaza para sus falsas convicciones. Todos debemos soportar la crítica para conseguir el perfeccionamiento que anhelamos en nuestro trabajo. Yo diría que sin la crítica en nuestro medio, permanecemos estancados en los niveles en que se encuentran muchos países cuya actividad científica es muy pobre, precisamente por no existir la oportunidad de crítica. Lo que está en juego es la opinión sobre el asunto en sí. Poco importa su autor, su origen institucional y las relaciones de orden secundario. La crítica es necesaria principalmente cuando tienes autoridad para hacerla, o puedes preservar o promover la buena reputación del responsable por el trabajo o contribución, objeto de la crítica.

Crítica en nuestro medio

El verdadero desarrollo humano

El verdadero desarrollo humano es fruto de la integral de los factores aquí referidos. Existe una especie de

Poder y desarrollo humano

reacción en cadena que en cierto grado retroalimenta otros factores. Por este motivo, todos los individuos que hacen parte de un dado grupo de investigación o universidad deben ejercer con generosidad el reconocimiento al mérito, el poder de la crítica, el elogio constructivo y la autoridad propia de su experiencia científica. También resulta de la actuación en un trabajo digno y honrado, de la práctica del respeto mutuo, del efectivo cumplimiento de las leyes menores y mayores. Y es sobre todo ofrecer la capacidad rara de comprender las verdaderas razones y funciones de la Naturaleza. El verdadero desarrollo humano, a mi entender, solo será alcanzado el día en que todos los seres humanos -científicos o no- respeten del mismo modo digno y honrado todo aquello que Dios creó con un propósito que nosotros no conocemos totalmente. Desarrollo no significa tener cada día más, pero ser más a cada día.

7

Mediocridad: Nuestra Mayor Amenaza

YO ESTOY AHORA EN LA ANTESALA de la Rectoría de una importante universidad brasileña. En la mesa del centro y sobre los sofás se encuentran publicaciones de todo tipo: boletines, periódicos de diversos formatos, impresos de varios tamaños. La impresión que se tiene, es que las personas en nuestro país no consiguen hacer nada de buen nivel. Aun en nuestro medio universitario. En la muestra que tengo delante de mí, casi todo es mediocre. El contenido y diagramación son de un mal gusto terrible.

Mediocridad en la prensa

Brasil está rumbeando a largos pasos hacia un abismo. Si examino los periódicos expuestos en cualquier quiosco o si me detengo delante de cualquier canal de televisión, la constatación es casi siempre la misma: nuestro país está sumergido en un enorme clima de insensatez y burricie.

Quien selecciona nuestras noticias o quien produce

nuestros programas de TV, ciertamente está convencido de que su audiencia tiene un muy mal nivel, y que la única forma de garantizar una gran platea es ofrecer algo lo más mediocre posible. Lo peor de todo es que tales profesionales están en lo cierto. Estamos teniendo a cada año un enorme contingente de personas que ingresan a la vida adulta, al mercado de trabajo, a la política y a profesiones diversas, presentando bajísimos índices intelectuales y profesionales.

Bajos índices intelectuales y profesionales

El problema es grave, y solo puede ser percibido por muy pocos. Casi siempre es notado por aquellos que se alejan de Brasil por algún tiempo y tienen la oportunidad de convivir con personas del primer mundo.

Uno de los primeros fenómenos que se observa, es que la mayoría de las personas aquí no desarrolló mucho la capacidad de pensar. Muchas decisiones son improvisadas en los más diversos niveles.

La ley del improviso

Con gran facilidad se recurre a la copia, a la opinión generalizada, a la solución superficial, a lo barato y fácil.

A nuestro entender, estamos pagando un alto precio por haber permitido un crecimiento poblacional prohibitivo en nuestro país. Nace demasiada gente en poco tiempo y, en su gran mayoría, crece y se vuelve adulta en condiciones totalmente hostiles.

La gran mayoría de esta gente proviene de familias numerosas, muchas de ellas sin la mínima condición de colocar en el mundo a un ser humano entero,

Crecimiento poblacional

física y mentalmente hablando. Muchos de los niños que nacen y sobreviven en Brasil lo hacen sobre los más diversos obstáculos del punto de vista alimenticio, psicológico, educacional, ambiental, etc. Nuestros sistemas habitacionales, de servicios públicos, educacionales y de salud no consiguen atender a una demanda cada vez mayor.

En un país pobre como el nuestro las consecuencias son de veras alarmantes. La carrera entre los recursos existentes en la nación y la presión poblacional se está volviendo cada vez más desigual.

Personas que nacen y crecen en condiciones adversas, a veces infrahumanas, se tornan adultos infradotados. Constituyen personas cuya *performance* queda muy por debajo de lo normal y aun así ingresan a los sistemas productivos de la vida pública y privada, desempeñando un pobre papel. El resultado es la proliferación de profesionales incompetentes en los más diversos sectores de nuestra sociedad.

Raíces de la incompetencia

Un país sin buenos cerebros no puede prosperar. Niños en número excesivo, mal alimentados y subestimados, nunca alcanzarán una edad adulta con la capacidad intelectual mínima necesaria para tornarse seres pensantes dignos de participar activamente en la vida social y constructiva del país.

Me sorprendo al saber que nuestras autoridades en posición de resolver nuestro grave problema poblacional continúan ilusionadas con la falsa creencia de pensar que una nación populosa es condición necesaria para llegar a ser una nación poderosa.

Población y nación poderosa...

Se engañan los que creen que debemos completar nuestros espacios vacíos con nuevos compatriotas. En realidad, los espacios vacíos de hoy poco van a importar a una población que superpuebla nuestras mayores ciudades, generando los problemas sociales, ambientales y de seguridad que bien conocemos.

Un país, para ser fuerte y dinámico, necesita gente de calidad de pies a cabeza. No solo de pies. Precisa poca gente, bien constituida, bien entrenada y bien intencionada. Gente capaz de ofrecer antes de pensar en recibir. Gente con espíritu de servicio. Gente sin miedo de cambiar lo que está mal, que no se acomode tan fácilmente.

Mucha gente, en un país pobre, es de cierto modo un lujo que no podemos pagar.

Yo creo que todos los Ministerios y Autoridades que pueden dar una inmediata solución al problema deben accionar todos los recursos para poner fin a este verdadero desastre nacional.

Control poblacional

Brasil necesita urgentemente salvarse de la grave amenaza: la de tornarse un país mediocre por no haber controlado con acierto su crecimiento poblacional.

Índice Remisivo

Vocación

Señor Presidente

Nuestro País vive días difíciles. Tenemos en Brasil una crisis de valores advenida de problemas crónicos de identidad entre otros. Con mucha facilidad invertimos la relación **ser → tener** y como consecuencia la propia noción de servicio se pierde a lo largo del tiempo.

Nuestra Universidad no escapa a esta realidad. Aquí también tenemos un desordenado juego de intereses, que en mucho perjudica a la propia razón de ser y existir de Instituciones como esta. En nuestro medio tenemos de todo: sabios, mercaderes, filósofos y pensadores. Al lado de idealistas de la mejor estirpe, encontramos personas de índole mercenaria, que solo trabajan por dinero. Estas últimas constituyen un antiguo cáncer que hace mucho debería haber sido extirpado.

Vuestra Excelencia debe conocer en algunos países, donde la Educación Terciaria constituye un buen modelo, diversas categorías de personal docente cuya clasificación obedece sobre todo al nivel del trabajo desarrollado. Se evalúa el **mérito de los servicios**, no el propio volumen de los mismos. De este modo tenemos en la universidad americana la figura del **Lecturer**, que se dedica casi exclusivamente a ministrar clases en niveles menos avanzados. Por encima de esta categoría, tenemos los niveles de profesores teóricamente semejantes a los nuestros. En estos niveles, el mérito pertenece al que posee una mayor **capacidad inventiva** (científica, artística, filosófica, etc.). La propia estabilidad (**tenure**) pertenece a quien a lo largo de su carrera demostró una mayor competencia, evaluada continuamente. En Inglaterra, el llamado **Reader** ocupa su lugar en la Universidad ministrando clases, sin aun contribuir significativamente en actividades con cuño inventivo.

Ser inventivo es tener la capacidad de ofrecer algo nuevo al proceso evolutivo del ser humano o nación. Todo país, y el mundo como un todo, presentan a lo largo de nuestra civilización desafíos y problemas que necesitan solución. La historia de la **Evolución Científica**, demuestra claramente esta realidad. Mucho debemos al trabajo dedicado y competente de **científicos** que luego de haber recibido un **entrenamiento avanzado indispensable**, pasaron a contribuir en las más diversas áreas del **conocimiento científico** en pro de la comodidad, seguridad, salud y muchas otras conquistas que hoy disfrutamos. Vale notar que tal contribución se debe a una minoría de hombres o mujeres verdaderamente dedicados a la **Ciencia**. Son muy pocos los que hicieron tanto.

La masificación de nuestras universidades no me parece constituir el mejor camino. En nuestros actuales cursos de graduación o 'formación', un volumen impresionante de información es presentada a nuestros estudiantes de un modo que considero totalmente inadecuado. A lo largo del tiempo un excesivo número de disciplinas fueron creadas e improvisadas para atender a una 'carga horaria' injustificable que favorece tan solamente a la constitución de un cuadro de profesores cuyos métodos/recursos didácticos yo cuestiono. Las consecuencias de esta realidad Vuestra Excelencia ciertamente conoce.

Del mismo modo que yo defiendo que la Universidad es para quien desea **ser y servir** de modo conciente e inequívoco, estoy a favor de la elevación de los padrones de nuestros programas de enseñanza, mediante una reducción significativa y urgente del actual volumen de disciplinas de nuestros cursos de graduación, priorizando las que verdaderamente ofrezcan una **real** chance de **formación** de nuestros estudiantes.

Creo que el país que invierte en la minoría que hace ciencia, **continua** y **persistentemente**, demostrado a lo largo del tiempo y a través de **méritos mesurables**, ciertamente encontrará resultados promisorios por el camino. Los avances científicos y tecnológicos solo podrán ser percibidos a partir del momento en que logremos disponer de una **masa pensante** capaz de absorber y liderar la propia evolución que se hace sentir en las naciones que ya practican esta verdad.

Confío en sus extraordinarios méritos y espíritu patriótico para que evitemos la evasión de nuestros mejores cerebros de los cuadros universitarios y el continuado estancamiento científico de nuestro País, en un momento en que crecen en nuestro medio el **hambre**, las **enfermedades** y muchos otros **problemas sociales** y **tecnológicos**.

Reciba Vuestra Excelencia la certeza de mi constante defensa a favor de los más altos valores de nuestra Universidad y la convicción de que encontraremos en el ilustre Profesor el mayor defensor del fortalecimiento de la **actividad científica** en Brasil.

(De una carta enviada al Presidente de Brasil)

Prof. Dr. J. CAL-Vidal

APRENDA

A

APRENDER

NOSSO *PROCESSO* DE EDUCAÇÃO
EM CHEQUE

authorHOUSE®

AuthorHouse™
1663 Liberty Drive
Bloomington, IN 47403
www.authorhouse.com
Phone: 1-800-839-8640

First published by AuthorHouse 8/27/2010

ISBN: 978-1-4490-9543-7 (sc)

Printed in the United States of America

This book is printed on acid-free paper.

Todas as criaturas que habitam a terra em que vivemos estão aqui para contribuir, cada um com sua maneira peculiar, para a beleza e prosperidade do mundo.

Dalai-Lama

Às minhas filhas Josy e Christy, que continuam
aprendendo a aprender, apesar de tudo,
DEDICO.

À Eng. Clécia Carneiro, pela ajuda extraordinária em todos os momentos do trabalho de editoração deste manuscrito, meu reconhecimento e gratidão.

AGRADECIMENTOS

Este livro é o resultado de reflexões feitas ao longo de uma rica experiência acadêmica e científica. Em mais de 40 anos de convívio universitário no Brasil e no Exterior, sempre encontrei professores mui verdadeiros que souberam transmitir-me muito mais do que as noções comumente recebidas numa sala de aula. Alguns deles foram meus modelos e o seu exemplo trans-parece na maioria das páginas que se seguem.

Uma boa parte do que aqui apresento nasceu nas conferências que tive a oportunidade de oferecer a estudantes e pesquisadores da minha Universidade. Foi a participação destas pessoas mui especiais que motivaram uma boa parte dos conceitos aqui expressos.

Meus agradecimentos se estendem a todos aqueles que discordaram de alguns pontos de vista que me obrigaram a rever conceitos e concepções. Muitos deles não têm nome porque me ofereceram uma valiosa contribuição em situações as mais diversas e adversas, durante congressos, viagens e permanências em que participei durante minha vida acadêmica.

Este livro é dedicado a todos os que foram meus estudantes - meus melhores colegas e amigos. Com eles aprendi a aprender e pude transferir esta tonificante experiência de uns para os outros. Eu espero que o mesmo possa continuar o exercício entre todos aqueles que venham a participar deste novo encontro.

Educar bem não significa fazer tudo da mesma forma. Cada indivíduo não é somente um 'mundo à parte', é também um mundo novo apto a receber na medida em que tenha a chance de oferecer.

Índice

Prefácio

No mundo atual, tanto a nível nacional como internacional, crescem os desafios da ciência e da tecnologia em todos os campos do conhecimento e atividade humana.

No Brasil são bem visíveis às dificuldades que enfrenta a evolução tecnológica e muitos problemas são resolvidos na base do improviso. Lê-se muito pouco a literatura científica e uma boa parte da atualidade cientifico-tecnológica nos chega fragmentada, através de diversos meios acadêmicos e de pesquisa.

A excessiva ênfase num volume muito elevado de informação, em muitos casos obsoleta, em detrimento da realização de exercícios que conduzam à aptidão ou formação compromete a capacidade criativa de nossos estudantes.

Tanto a nível de graduação como na pós-graduação temos a utilização maciça da sala de aula, que em muitos casos constitui o principal meio no *processo* de educação. São raros os cursos que utilizam a biblioteca em tal *processo,* haja visto a dificuldades de familiarização que encontro nos meus estudantes de pesquisa.

Mas o pior de tudo é que estamos treinando gerações de jovens universitários que não aprendem a aprender. Não estão aprendendo a pensar. Eles se conduzem de um modo altamente mecanístico e imediatista que não lhes permite a utilização do raciocínio lógico diante de sua área de influência ou competência.

Há muito tempo vivemos num país que burla a criatividade. Aqui se copia tudo o que é feito lá fora, com muito pouco caso para as leis de patentes de outros países. Essa preferência pela cópia revela a falta de profissionais com capacidade inovadora, que tem origem numa Universidade que está falhando no seu papel principal.

Pecam todos aqueles que advogam a massificação do nosso ensino superior. Este *processo* altamente demagógico em sua essência e consistência está reduzindo o nosso ensino universitário a níveis muito perigosos. É preciso treinar bem. Nosso país precisa de homens bem treinados, capazes de resolver seus problemas sociais e tecnológicos de forma inteligente e apropriada. Milhões de pessoas com diploma universitário podem não atender a este anseio.

Aptidão e formação podem ser obtidas com estudo e consulta a livros técnico-científicos de reconhecido mérito, a realização de estudos e simulações envolvendo problemas da nossa realidade agrícola, industrial e social. A participação em projetos de pesquisa em regime integral deve fazer parte do currículo universitário. O intercâmbio com centros de reconhecido mérito no Brasil e Exterior deve ser inserido na rotina dos nossos estudantes universitários.

Em nosso meio, ao lado de profissionais que podem estar transferindo a experiência didática que receberam, há outros que certamente já vivenciaram métodos muito mais modernos e efetivos. É para estes últimos que eu volto toda a esperança dos nossos estudantes e pesquisadores em treinamento.

Este livro é dedicado a todos os que foram meus estudantes -meus melhores colegas e amigos. Com eles aprendi a aprender e pude transferir ta tonificante experiência de uns para os outros.

Educar bem não significa fazer tudo da mesma forma. Cada indivíduo não é somente um 'mundo a parte', é também um mundo novo apto a receber, na medida em que tenha a chance de oferecer.

1

Nosso *Processo* de Educação

P ara começarmos, este título está errado. Não existe um processo para a educação. Processo significa fabricação em massa ou em grande escala e não se fabrica ninguém. Não se educa ninguém fabricando. Não se produz ninguém em série. A primeira idéia que eu quero deixar bem clara é que não se deve massificar a Universidade. A questão é que nem todos somos talhados para ser a mesma coisa. A pergunta essencial é: **para que viemos aqui?, para que nascemos?, para onde vamos e o que queremos?**. Estas perguntas nós temos de fazê-las quase que diuturnamente, para evitar as catástrofes a que assistimos. Um homem ou uma mulher frustrada é uma bomba atômica em movi-mento. As nossas vocações devem anteceder à nossa formação. O pri-meiro problema que encontro na Universidade Brasileira é a preocu-pação excessiva com a amplia-ção do número de vagas sem estabelecer uma seleção muito criteriosa envolvendo o conceito do 'para onde vamos e o que queremos'. Eu conheço duas pessoas muito felizes, um deles é um açougueiro russo que

A massificação da universidade

hoje é taxista em Nova Iorque. O outro é um engraxate mexicano que trabalha no aeroporto internacional desta mesma cidade. São as duas pessoas mais felizes que co-nheço no mundo. Trabalham cantando, rindo. São felizes porque fa-zem o que gostam e gostam do que fazem. Nós temos que acabar com a idéia de que é **tendo** posses ou títulos que obtemos a felicidade. Nós temos que descobrir o que queremos para então **ser** e em **sendo** é que vamos atingir o objetivo que Deus nos destina a cada um. Nós temos uma missão aqui, e cada um de nós tem uma missão que deve consigo mesmo identificar.

Ser e ter

Não é possível fazer alguma coisa bem feita sem entusiasmo. É o ingre-diente máximo em qualquer projeto de pesquisa, sapato engraxado ou quadro pintado. Existe muita confusão nesta área e a determinação parte do conhecimento de si mesmo. Diversas pesquisas e estudos têm comprovado que é a partir da clareza do que se quer que um maior ou menor empenho nessa conquista pode vir a ser desenvolvido. O mun-do nos apresenta diversos exemplos desta realidade. É o esforço pró-prio muito mais importante que o número de horas-aula em que parti-cipamos numa dada escola ou universidade. De certo modo, os títulos universitários para certas pessoas são vaidades, são rótulos que de nada servem. O importante é começar alguma coisa pela qual a gente sente algum entusiasmo, seja o que for, e ir adiante. O verdadeiro ser huma-no se mede pelos resultados que obtêm graças a diversos fatores, entre eles o imprescindível **entusiasmo.**

Títulos e entusiasmo

Há outros ingredientes que podem favorecer ou tol-

her a realização do que mais 'queremos'. Um dos mais comuns é o **medo** que muitas vezes nos impede de sermos o que verdadeiramente desejamos, dentro de uma série de opções profissionais envolvendo campos diversos de atua-ção. A sociedade em que vivemos muitas vezes nos cobra 'titulações' para as quais não estamos 'talhados' e as pessoas que têm a coragem de enfrentar a realidade do que querem e partem nessa direção quase sem-pre encontram do 'outro lado da ponte' a mão previdente de que tanto precisam. É preciso descobrir-se e seguir o caminho, com coragem e fé.

Para alguns o que muito atrapalha é a **mercantilização** de si mesmos. Eu encontro pessoas que fazem uma enorme confusão com os conceitos de ser e ter. Consideram a necessidade de ter para ser e com dificuldade aceitam a idéia de ser antes de ter. Esta realidade está levando muitos dos nossos jovens em todo o mundo para o abismo, porque em muitas vocações o dinheiro não se faz tão evidente como em outras. Um crité-rio lamentável que nada tem a ver com sucesso ou realização.

Precisamos é educar visando desenvolver a prática de pensar. Pensar é transformar uma observação em alguma coisa nova ou diferente. Isto não significa uma metamorfose, isto é, dissecar algo conhecido para chegar a um outro extremo. O pensador é por excelência um ser cria-tivo, capaz de resolver ou desenvolver um problema ou teoria muitas vezes de modo pouco convencional ou ortodoxo. A história da ciência está cheia de bons exemplos. Na condição de educadores e cientistas nós temos de assumir o

Um ser pensante

compromisso de inculcar em nossos estudan-tes e associados a capacidade de liderar mediante o exer-cício da obser-vação, da análise e da imaginação. No mundo atual creio existir uma enorme diferença en-tre um ser pensante e alguém que apenas vê o mundo ao seu redor. Quem só copia não cria.

A aparente praticidade da **sala de aula** engana, ilude, tolhe, castra, frus-tra e torna as pessoas menores do que deveriam ser. A vida é uma via-gem, uma estra-tégia e uma oportunidade de exercer a capacidade de pensar. Em contraposição à experimentada pelos animais irracionais.

A sala de aula

O medo e a apreensão podem ainda comprometer nossa **capacidade de pensar** em virtude de sua inter-venção no grau de liberdade necessário a sua própria realização. O privilégio de tomar parte em atividades uni-versitárias deve ser entendido como uma opor-tunidade única para exer-cer a nossa liderança e pen-samento numa sociedade que carece de am-bos. Eu não posso entender um sistema educacional que não esteja consciente deste papel. Além de tudo temos de ser livres - tome-se este termo no seu mais am-plo sentido - incluindo a oportunidade de termos o tempo suficientemente livre para viver o tempo pre-sente da forma mais criativa possível. Nossa mente não pode ser ocupada com o des-necessário.

Liberdade e pensamento

Pensar e criar é uma atividade para poucos. A **pes-quisa científica** é a atividade mais nobre dentro de uma universidade. Ela é em verdade o que estabelece a excelência de uma instituição reconhecida como tal. Eu diria que a atividade científica constitui em nosso país um verdadei-ro apostolado, que está a serviço

Pesquisa científica e educação

de uma **missão educacional** verdadei-ramente capaz de oferecer a prerrogativa de ensinar fazendo, contraria-mente ao ensinar ouvindo. A formação de um verdadeiro líder leva tempo e exige o exercício sério da imaginação e da ação, algo difícil de encontrar num sistema onde impere a passividade.

Uma boa idéia pode valer mais do que o volume de recursos destinados a uma universidade a cada ano. Eu não me refiro aos projetos estru-turais de um determinado Departamento ou Biblioteca. Eu quero enfa-tizar a importância de um bom cérebro, que pode fazer uma enorme diferença no país ou no mundo em que vivemos. Um verdadeiro cientista não se compra com dinheiro, nem ele encontra neste a força pro-pulsora para seu trabalho e realização. Infelizmente, também nesta área, percebo uma grande confusão. Lembremos tão somente a grande con-tradição que se estabelece quando na condição de cientistas e educado-res confundimos os produtos gerados nos nossos laboratórios (frutos em pó, etc.) com os verdadeiros produtos: **seres pensantes**.

O produto principal de um bom laboratório

Nossos estudantes precisam ter um maior contato com a realidade que eventualmente irão enfrentar. Um estudante de agronomia deve ao longo de seu curso universitário familiarizar-se com o que acontece numa fazenda ou algo similar, envolvendo-se na problemática que muitas vezes não enxerga no banco escolar. Projetos de pesquisa em tempo integral devem fazer parte dos currículos de todos os cursos com caráter científico-tecnológico. A pesquisa é verdadeiramente o que eu chamo 'o **educar fazendo**'.

O aprender fazendo

Educar fazendo é melhor do que educar falando ou ouvindo.

Nossos professores vêm participando de programas de treinamento avançado no País e no Exterior, gerando uma massa crítica de reconhecido mérito, notadamente na realização de atividades de pós-graduação que constituem um fator chave na melhoria da habilitação do profissional que tem a oportunidade de ingressar no sistema. Contudo, tal esforço de melhoria dos nossos recursos humanos não parece surtir qualquer efeito nos programas tradicionais de 'graduação' que continuam fazendo uso de métodos educacionais por demais ultrapassados. A transferência da experiência vivenciada principalmente por aqueles co-legas com treinamento no exterior deve ser mais enfatizada.

Um líder ou pensador só pode ser considerado como tal quando se conhece a si mesmo. É o controle de nós mesmos que nos permite ter o controle do que nos rodeia. Eu não posso amar ninguém se não amo a mim mesmo. Se cada um de nós for capaz de descobrir o próprio potencial dentro daquilo que verdadeiramente queremos, nós conseguiremos por em marcha uma força de alcance infinito, capaz de remover montanhas.

O conhecimento de si mesmo e o processo criativo

O **processo criativo**, que como já dissemos envolve a **observação** e a **capacidade de pensar**, inclui também a **analogia** que permite a transferência de uma informação ou idéia na forma de uma transposição de imagens que constitui na verdade a **imaginação**, literalmente significando uma determinada **imagem** posta em **ação**. Uma **idéia** sem **ação** carece de re-

sultado ou significado. A **curiosidade** é essencial na vida e é uma condição ***sine qua non*** para ser criativo, quer sejamos pesquisadores, professores ou educadores. Há uma série de aspectos relacionados com a curiosidade notadamente quando esta é canalizada para a análise ou descoberta do comportamento da **natureza**. É nesta última que reside a fonte inesgotável de todo conhecimento e reserva, que precisa ser visto com outros olhos por todos nós. Vejam as árvores, as flores, as folhas, quanta riqueza de detalhes, de cores! Neste momento nas proximidades da nossa universidade, eu vejo uma verdadeira festa de cores nas árvores que mudam suas folhas. Na medida em que pode-mos ver o fenômeno mais de perto, é bem possível que na riqueza de detalhes possamos encontrar respostas a problemas mais complexos, do tipo que lidamos em nossos laboratórios. O processo criativo tem na observação da natureza uma extraordinária aliada. Grandes descobertas científicas tiveram na mesma a **analogia** de que tanto precisavam. O ser curioso não constitui privilégio de ninguém, é algo que também pode ser adquirido.

Todos temos obstáculos a ultrapassar (o idioma, a dificuldade de falar), nós temos de superar as dificuldades diante do contexto em que nos encontramos. É sempre possível ficar parado por qualquer motivo. Se somos sinceros e queremos trabalhar, todos os obstáculos são superáveis, inclusive na educação. Eu considero que a Universidade Brasileira recebe um extraordinário suporte de diversos modos e de diversas fontes, mesmo com o problema da **massificação** que mais uma vez condeno. Neste momento, nosso Laboratório recebe o apoio de Órgãos Federais e Es-

Fé, trabalho e apoio: uma necessidade constante

taduais que muito dignificam o nosso trabalho e o nosso esforço. É possível conseguir apoio quando se é realmente sincero e se consegue um **record**. A imaginação é muito importante, mas sem trabalho não tem sentido. Podemos sonhar, mas temos que realizar. Temos que insistir, acreditar, errar e repetir. Recomeçar e recomeçar.

Para obter resultados temos de aceitar sacrifícios. Alguns anos sem re-cursos são necessários para obter um record aceitável. É preciso acreditar para conseguir. É necessário o auto-respeito para prosseguir. O crescimento de cada um é o resultado de um continuado e sistemático esforço para atingir o limite próximo da perfeição. Este exercício ajuda-nos a ser melhores. Só não podemos parar. Não devemos descer do trem da vida a menos que não queiramos empreender a viagem. Se estamos seguros do que queremos temos de ir em frente.

Finalmente o que gostaríamos de enfatizar nesta exposição, que inicia uma crítica aos métodos educacionais atualmente praticados no Brasil, é que padecemos ainda em nosso meio de uma incidência grave do fenômeno que eu identifico como **mediocridade crônica** que é responsável pelo baixo índice de criatividade que se observa em nossas universidades. Isto se traduz pela prática excessiva da **cópia** manifestada em múltiplas formas. A mediocridade pode ter origem numa deficiência físico-orgânica, num processo de condicionamento ambiental pobre de estímulos e ainda em conseqüência de um sistema escolar castrante, do ponto de vista criativo. Ela pode exercer um fator multiplicador através de elementos que a

Mediocridade crônica

possuem e exercem sua influência na imprensa, na política e mesmo na universidade, onde esta pseudo-liderança pode produzir fermentos muito danosos. A mediocridade é um câncer que tem de ser extirpado em muitos lugares.

Todos podemos melhorar. Todos podemos ser melhores a cada dia se estivermos dispostos a isso. Temos de perseguir a excelência em nosso trabalho e em tudo aquilo em que nos empenhamos. Excelência não é algo que rotula uma determinada Instituição de reconhecido **mérito**. Ela representa uma integral do esforço feito por cada um de nós, no dia-a-dia na fronteira onde nos encontremos. O exemplo de sistemas e serviços existentes em instituições-modelo em países de reconhecido avanço científico e tecnológico deve ser perseguido veementemente.

Excelência e mérito acadêmico

2

Na Era do Caderninho

SÃO QUASE 9 HORAS DA MANHÃ. Enquanto caminho pelas poucas áreas verdes de minha universidade, encontro diversos estudantes sentados na relva, em sua totalidade portando um grosso caderno debaixo do braço. Alguns discutem algumas partes do seu conteúdo, de uma forma mais ou menos nervosa: é que mais uma 'prova' está prestes a acontecer...e o caderno é o único recurso de que dispõem para cumprir mais esta etapa de suas carreiras.

O mais grave de tudo isto é que o caderno constitui o principal componente do nosso processo de educação. Já alguém disse que ele passa de estudante a professor sem maiores alterações...e as implicações são em verdade muito graves.

O que observo na minha universidade se repete desde o curso primário. Eu tenho duas filhas como testemunhas. Elas passam todas as manhãs passando para um caderno o que uma professora <u>sempre de costas</u> vai

escrevendo num quadro verde (já foi negro) uma informação enfadonha e pouco atual. Ela transfere um emaranhado de notícias, cuja finalidade principal é a de passar para um caderno de um 'estudante' preocupado única e exclusivamente com a prova que logo virá. Neste processo pouca importância se da à Biblioteca, um verdadeiro depósito de livros que caem no esquecimento e por isso na ausência de renovação.

Por este sistema, o que mais se aprende é a copiar e memorizar. Eu diria que no nosso país copiamos tudo porque é justamente isso o que aprendemos em nossas escolas, em qualquer nível sob consideração. O processo além de castrante e sufocante, tolhe a criatividade em seus mais amplos aspectos. A excessiva passividade no processo de exposição e cópia em nossas salas de aula, conduz à total impossibilidade de APRENDER A APRENDER, APRENDER A OBSERVAR, APRENDER A PENSAR.

A cópia e a memorização

Esta realidade eu a percebo com toda claridade nos profissionais graduados que recebo em meu laboratório para realizar seus estudos de pós-graduação. Uma boa parte deles nunca teve a chance de consultar um livro técnico no seu original, não conhece componentes fundamentais da natureza vistos ao microscópio, não consegue tirar conclusões a partir de observações as mais fundamentais.

O processo ou ato de pensar resulta da capacidade de tirar conclusões a partir de observações muito simples. As grandes descobertas que vem acontecendo ao longo dos anos são o resultado da identificação de 'acidentes' por pessoas que estavam preparadas para tal identificação. Não se pode observar coisa alguma,

Aprender a pensar

se não aprendermos a fazer isto desde a nossa infância.

Durante um período recente em que permaneci no Canadá, minhas duas filhas (12 e 8 anos) participaram de 1 ano letivo numa escolinha de Vancouver. Numa visita que fiz a esta escola, fiquei deveras maravilhado. A sala de aula era um verdadeiro zoológico com uma infinidade de bichos de todas as espécies. Os meninos se mantinham ocupados observando comportamentos, reações, etc. Um outro grupo munido de lupas e outros recursos, andava pelo bosque para descobrir aranhas, sapos e tudo o mais. Eles estavam aprendendo a 'observar' e em mais de uma ocasião eu os vi correndo para uma biblioteca <u>impecável</u> onde tratavam de conhecer com mais detalhes o que tinham fisgado no bosque. Era um processo de aprender a aprender...

O sistema educacional canadense

A questão que levanto está longe de ser engraçada. Na verdade vivemos no Brasil e em alguns países similares, uma verdadeira tragédia em matéria de educação. A sala de aula é um processo abominável que só faz sentido se complementado inteligentemente com a participação de uma biblioteca de bom nível, a realização de estágios de curta ou longa duração, a participação em projetos de pesquisa em tempo integral, a obrigatória exposição de nossos professores (de qualquer nível) a sistemas de ensino mais eficazes, em países onde se pratica uma real evolução (Alemanha, Inglaterra, etc.).

A sala de aula e nossos professores

Em livro recente li sobre a importância da ação em relação à informação. Eu diria que é aptidão e a formação o que em verdade precisa-mos oferecer a um jovem. Chega de informação! Como aptidão e for-

O perigo da cópia excessiva

mação entenda-se o desenvolvimento de uma real capacidade diante do novo. Além da habilidade para aprender a pensar, uma mui necessária habilidade para inovar e criar. Nosso país deve possuir um dos mais baixos perfis em invenções nos diversos campos técnico - científicos. Isto está certamente relacionado com nossa já tradicional atividade: co-piar!

Uma das conseqüências mais lamentáveis de toda esta realidade reside certamente no problema de não aprender a pensar. Isto gera natural-mente um indivíduo medíocre. Ele pode estar em toda parte. Nas próprias escolas, nas universidades, na imprensa, na política, no governo, etc. Um indivíduo que não aprendeu a pensar no tempo devido, chega a adulto sem uma condição mínima para tomar decisões originais e inteligentes. Ele simplesmente vai fazendo aquilo que pode, sem poder estabelecer uma clara liderança. Normalmente ele repete tudo o que ouve, é influenciado com qualquer boato ou notícia e tem um desempenho bem abaixo da média...

Um país com um alto índice de mediocridade, agravado por um crescimento populacional desenfreado, está caminhando a passos largos para o precipício. Temos que acabar com a visão medíocre e demagógica que obriga a massificação das nossas universidades. Temos de rever o conceito de educação em todos os níveis. Precisamos acabar com este mísero quadro negro e o caderninho. Eles estão acabando com a capa-cidade inventiva dos nossos jovens e gerando os adultos medíocres que temos em toda a parte.

O quadro negro e caderninho

Nosso país precisa urgentemente de <u>líderes</u> e <u>pensadores</u>!

3

O Crime da Apostila

EU NÃO SEI EXATAMENTE como a prática começou. O fato é que a apostila se estabeleceu em nosso país com a mesma força do caderninho e o quadro negro. De um momento para o outro todos começaram a produzir apostilas. Alguém tinha umas boas anotações da 'matéria' do ano passado e logo teve a idéia de 'publicar' as mesmas, mesmo que da forma mais rudimentar possível. Com o passar do tempo o processo foi sendo aperfeiçoado. Os próprios professores passaram a ser autores de uma publicação que passou a receber diferentes nomes, inclusive o de disciplinas nas quais tais autores não apresentavam qualquer contribuição.

Direitos autorais ignorados, este tipo de 'publicação' clandestina come-te um crime maior: distancia nossos estudantes já a partir do curso secundário da consulta aos bons livros. Com este instrumento, cada vez mais incompleto e resumido tenta-se substituir o hábito da consulta a autores consagrados, por uma leitura telegráfica em 'trabalhos' feitos às pressas,

Study notes and their defects

cheios de imperfeições, com conteúdo e verdades científicas mal expressos e mesmo duvidosos.

Com o tempo surgiu a indústria da apostila. Iniciada pelos famosos cursinhos do vestibular, logo chegou aos educandários secundários e universidades. Sua ousadia é tão grande que eles chegaram a estabelecer acordos com tais educandários para conseguir a obrigatoriedade de compra de 'suas' apostilas pela totalidade dos seus estudantes, atrelando as mensalidades escolares com tal compra. O processo é absurdo sob vários aspectos: em primeiro lugar universaliza o uso de uma fonte de estudos que não tem qualquer valor técnico-científico, comprometendo seriamente a educação e formação recebida por nossos estudantes. Em segundo lugar afasta nossos jovens do contato com os bons livros e obras clássicas de referência, isto automaticamente coloca a qualidade dos nossos universitários e profissionais em seria desvantagem quando comparada com os acadêmicos de outros países. Em terceiro lugar cria nos nossos escolares o hábito de tudo fazer pelo caminho mais curto e fácil, a apostila é uma espécie de substância de fácil digestão que impede a utilização da análise e do raciocínio de forma mais ampla e concreta. E finalmente, os conceitos de APRENDER A APRENDER, APRENDER A ESTUDAR, APRENDER A PENSAR ficam seriamente comprometidos no sistema que faz uso da apostila.

Há poucos dias eu fiz uma experiência dramática em minha própria casa. Tendo me negado a pagar a mensalidade do colégio de minhas filhas com a inclusão da apostila, recolhi na minha biblioteca particular

The complicity of education centers

alguns livros clássicos de química, física, geometria analítica, etc. Tenho uma filha que cursa o científico e estava já fortemente habituada ao uso da apostila. Quando lhe interrompi o 'suprimento' ficou furiosa e fez de minha casa um verdadeiro palco de guerra.

Quanto os ventos se acalmaram, com bastante paciência apresentei-lhe os livros. Expliquei-lhe a vantagem de estudar nos mesmos pela riqueza de detalhes e a forma clara de exposição. Deixei os <u>clássicos</u> sobre a mesa e deixei o recinto. Algum tempo depois vi os livros empilhados numa estante onde geralmente guardamos as revistas velhas e o que pouco nos interessa. Os livros permaneceram ali alguns dias, até que resolvi trazê-los de volta à minha biblioteca. Minha filha havia decidido não tomar conhecimento de seu conteúdo de modo algum. Os livros constituíam em verdade algo estranho, cujo contato nem chegara a ser considerado. A apostila tinha certamente viciado minha filha de tal modo que ela agora estava totalmente entregue a este caminho mais fácil. A palavra exata é <u>viciada</u> e creio que agora eu tenho um longo caminho para recuperá-la.

O que acontece no curso secundário se repete no curso superior. O mais trágico é reconhecer o fato que mesmo entre aqueles professores treinados no exterior, o vício da apostila pode acontecer. Quando estes colegas estudavam nos Estados Unidos ou na Inglaterra, jamais devem ter estudado em apostilas. Todavia, a larga utilização deste fatídico instrumento em nosso meio, leva alguns dos mesmos a ingressar no clube da mesma, pondo em risco não somente o grau de excelência dos nossos programas de ensino,

mas sobretudo a formação básica profissional dos nossos jovens.

Eu sei que tem colegas e autoridades educacionais que se resistem a aceitar minhas posições, que alguns chegam a considerar radicais. A questão, para ser melhor compreendida, é semelhante ao processo que utilizam os pássaros-adultos com seus filhotes durante a permanência no ninho: impossibilitados de voar e incapazes de deglutir o alimento comumente encontrado pelos adultos, estes passam a oferecer-lhes tudo bem mastigadinho, até o momento em que os filhotes aprendam a sobreviver independentemente. O pior da história é que na nossa realidade educacional o passarinho jamais sai do ninho, não aprende a voar e continuam a oferecer-lhe tudo bem mastigadinho nas apostilas e quadros negros dos nossos educandários secundários e superiores.

Tem também outros que neste momento se perguntam: como algo tão danoso e destrutivo pode perdurar assim incólume ao longo dos anos... A verdade é que este tipo de instrumento de certo modo 'facilita' o trabalho de todos. O professor, após ter feito a apostila satisfaz a vontade da grande maioria de seus alunos que preferem ter a matéria 'claramente definida' que vai cair na prova. Por seu turno estes com a apostila <u>assumem</u> estar de posse do 'mais importante' e não precisarão 'perder tempo' estudando em livros que pouca familiaridade lhes oferecem. Os coordenadores de programas nem tomam conhecimento deste assunto. Sua principal preocupação é a de que um número infinitamente elevado de horas-aula sejam proferidas, pouco importa como. Em verdade,

'Adrantages' of the study notes

este número elevado de horas em nossos cursos se-cundários ou de graduação é também uma invenção bem nossa. Na falta de bons programas de formação, inventou-se um enorme volume de informação que é apresentado em sua maior parte de modo superfi-cial aos nossos estudantes. A universidade brasileira vive da ilusão de que é abarcando o máximo que se atinge a perfeição. A maioria pouco entende de es-pecialidade e muito menos de profundidade. Nossos acadêmicos só desçobrem isto quando ingressam na pós-graduação, onde apesar de muitas falhas algo se consegue nas áreas mais voltadas para a pesquisa. É na pesquisa que nossos jovens se convencem que é <u>fazendo</u> e não simples-mente <u>ouvindo</u> que verdadei-ramente se aprende algo novo.

O Brasil precisa de uma grande revolução educacio-nal. Ela certamente virá da parte de colegas respon-sáveis e da própria inquietude de muitos jovens desi-ludidos por um sistema totalmente inadequado à sua formação e real competência profissional.

4

Missão da Universidade

A formação de um líder

AO CONTRÁRIO do que muitos pensam, não é possível formar líderes com o esforço exclusivo da universidade. A 'formação' de um líder pressupõe a convergência de características pessoais num dado indivíduo. Uma série de destinos, vontades e determinações que eventualmente podem conduzir ao surgimento de um líder nos momentos mais diversos de uma personalidade. Instituições universitárias-líderes em diferentes campos de estudo e pesquisa têm uma alta probabilidade de formar líderes que não foram seus graduados. Docentes ou visitantes vivem num dado momento do seu envolvimento científico a descoberta, consagrando-se como líderes. O Prêmio Nobel os consagra pioneiros com reconhecido mérito. Líder significa chegar primeiro, mostrar o caminho, ter a oportunidade de participar de um estudo avançado com possibilidades únicas de contribuição e descoberta. Universidades-líderes que conheço –Harvard University e MIT (Massachu-sets

Instituições líderes

Institute of Technology)– em Cambridge, nos Estados Unidos de-têm altíssimos records de obtenção do Prêmio Nobel, nas diversas áreas em que o mesmo é concedido. Estas universidades têm diversas características em comum; sendo a mais evidente sua extraordinária capacidade para identificar e desenvolver estudos avançados com caráter inteiramente inédito. Para ser primeiro é preciso não ter medo do desconhecido. Abrir caminhos pressupõe uma disposição e vontade para o que é novo e inexplorado. No caso de uma instituição científica com pretensões de tornar-se líder é preciso preocupar-se com o constante fluxo de cientistas com possibilidades de liderar e propor projetos em níveis de tal modo avançados que permitam a própria liderança institucional. **Ser primeiro**

A capacidade de pensar

Pensar não significa meditar sobre algo pré-fixado. Nem ficar deslumbrado com algo surpreendente, ou contemplar o sistema planetário de modo vago e constante. Pensar pressupõe uma capacidade para observar, seguida por uma possibilidade de formar imagens e obter conclusões inéditas. Foi isto o que tornou Madame Curie e Fleming pioneiros. Observar é mais que olhar. É imaginar o que pode estar além daquele quadro que está sendo observado. Assim, com a observação se chega à imaginação e desta à criatividade, fruto do pensamento. Há aqueles que aprendem a observar e a imaginar e por isso são criativos. O mundo precisa muito deste tipo de ser para encontrar soluções imaginativas e criativas para tantos problemas que nos afligem. O mundo precisa de pensadores. Chega de pessoas que só copiam e repe- **Ser criativo**

tem. Nós estamos cansados de redesenhar modelos desenvolvidos lá fora. Países como o nosso precisam urgentemente de gente que acabe com a fome, defenda o verde, combata o lixo e a podridão que temos ao redor. Que façam frente ao sistema bárbaro que entra em nossas casas diariamente e inesperadamente destrói a própria imaginação das nossas crianças. O mundo está cansado disto. Mas onde estão os líderes para fazer frente a este estado de coisas? Líderes científicos, capazes de deter o processo degradativo no mundo em que vivemos. Insisto, o mundo precisa deles para encontrar soluções novas.

Necessidades de líderes

Nosso verdadeiro destino

Todos temos as nossas chances. Todos. Basta que aprendamos a escolher os caminhos desde muito cedo. Se nós quisermos ser idiotas a vida inteira, conseguiremos isso. É só seguir atrás de todo mundo e viver o destino conseqüente. Ser follower significa seguidor e é isto o que sere-mos se não aprendermos a encontrar nossos próprios caminhos. O mundo está cheio de medrosos, de pessoas que não conseguem dizer o que pensam. Fazer avaliações do que mais queremos é uma forma de começar a acreditar no nosso próprio destino. É sempre possível encontrar um mundo de possibilidades na nossa vida se acolhermos os sinais que Deus nos oferece. Todos encontraremos nosso verdadeiro destino a partir do momento em que a vontade de servir for mais forte do que a de ser servido. Além disto, é preciso desenvolver a idéia de ser e entender que o ter é conseqüência. O mundo precisa de pessoas que são. Num país como o Brasil urge a existência de gente que lidere

Liderança sem fronteiras

cientifica e tecnicamente a nossa agricultura, por exemplo. Urgentemente. As possibilidades de serviço existem e são ilimitadas. Se você quer ser verdadeiramente feliz pense na idéia de servir. E a partir desta realidade viva sem fronteiras.

O mundo não tem fronteiras

Todos temos direito a viver uma vida digna. Deus não nos construiu a toa. E eu não vou aqui repetir o Evangelho. Eu posso sim garantir a vocês que Deus estende a mão a todos aqueles que têm a coragem de empreender uma vida de serviço. Muitas vezes nós não O percebemos ao nosso lado tão claramente como quando O descobrimos em terras distantes, longe do conforto que nos aniquila. Você tem de atravessar a ponte, tomar o avião ou equivalente. Ele sempre estará do outro lado. Pense na possibilidade de crescer. Porque com as suas características, inclusive a condição de ser divino, você pode ir longe e não vai ser deixado na sarjeta. Armado com seu treinamento você pode ser útil em alguns países onde a existência de gente com sua qualificação é sumamente rara.

Em certos momentos sentimos um medo horroroso que se traduz numa enorme falta de fé para enfrentar uma realidade que não conhecemos. Todos preferimos vivenciar o que nos é familiar e deste modo evitamos os desafios que nos levariam ao crescimento. Para conhecer-se a si mesmo é preciso sair do ambiente comum que vivenciamos. Pessoas há que podem atestar o resultado favorável que decorre de mudanças ambientais em suas vidas na ânsia de obter uma melhor capacitação profissional dentro de um verdadeiro espírito de serviço. Um apreciável número de

Fé e espírito de serviço

profissionais que trabalharam comigo podem atestar esta verdade. A maioria não sabia o que iria enfrentar quando concluiu seus estudos da graduação. A maioria não retornou à sua terra porque foi escolhido para assumir posições importantes em outras partes do país. Quase todos descobriram que eram na verdade mais capazes do que imaginavam.

Crescer e oferecer

Mas nada disto seria possível se não houvesse a ânsia pelo crescimento. Quem não quer crescer aceita o mínimo que lhe oferecem e assim passa o resto da vida de gota em gota. Para crescer é preciso querer crescer. Eu não posso crescer se eu não quero. Eu cresço quando sirvo. Meu objetivo principal no meu trabalho é fazer com que algumas pessoas que passam pelo meu caminho mudem suas atitudes e concepções. Isto será certamente o meu maior legado: mudar algumas vidas para melhor. No dia em que muitos colegas compreendam o alcance desta missão o mundo poderá ser melhor e a nossa própria existência terá mais sentido.

Conhecimento, ação e imaginação

A diferença só se descobre quando estamos diante de uma situação de desafio. Muita coisa há que se torna possível quando parecia em princípio impossível. Quando enfrentamos um desafio pensamos que não podemos vencê-lo, técnica e pessoalmente. Os limites da possibilidade são impostos pela capacidade de ação e pelas circunstâncias que se possam impor. Einstein dizia que pouco importava o conhecimento, mas a ação. De pouco servem os muitos

Limites da possibilidade

cadernos com todas as teorias que se acumulam ao longo de uma vida escolar. Tudo isto de nada serve se não tivermos a ação. E é lamentável que muitos tenham dificuldade de entender o que é ação. Eu conheço casos em que indivíduos mudaram seus destinos quando iniciavam viagens internacionais e a simples vontade e capacidade de ação mudou suas vidas inteiramente.

Conforme o expressamos anteriormente, a imaginação decorre do processo de observação. Ela constitui a grande diferença num indivíduo criativo ou não. O conhecimento não é tão importante principalmente se nos falta a imaginação. Toda instituição e todo indivíduo precisam da capacidade imaginativa para impor-se num mundo altamente competitivo. A criação científica, por exemplo, não pode prescindir da imaginação, sendo o conhecimento um suporte de menor importância no contexto.

Exercite seu pensamento

No momento em que exercemos nosso pensamento, nossa visão se amplia. O nosso cérebro pode ser estimulado diariamente para novos desafios ou simplesmente podemos promover a sua estagnação. Uma boa forma para conseguir isto é prostrar-se diante de qualquer jornal ou televisão do nosso meio. Esta prática o levará a uma fantástica toxicidade, uma dose altamente letal para seu futuro. Nós precisamos aprender a exercer a atividade intelectiva de modo inteligente e construtivo. Todas as grandes descobertas e todas as soluções dos problemas que hoje temos diante serão o resultado da capacidade de pensamento e vi-são de alguns poucos que se prepararam para

A atividade intelectiva

isso. O medíocre ficará a margem sentado em sua poltrona assistindo seus vídeos com as imagens do mesmo passado. Nunca será possível a participação sem o esforço, que o pensamento também exige. São homens de visão os que aprenderam muitas vezes em terras distantes práticas e realizações que ainda estão por chegar aqui.

Essência e pensamento

A rigor fazer repetidamente significa pensar repetidamente porque quase tudo o que fazemos de certa forma nós o pensamos. Se você vai todos os dias para a cantina fazer barulho, logo você ficará especialista em barulho. Você vai inteirar-se do próximo 'balango-dango' e vai ficar doutor neste assunto. E possivelmente só vai ficar nisso. A biblioteca está bem de frente e você nunca a visita. Você só vai lá se tiver uma leitura obrigatória e eventualmente você assiste a uma palestra por aqui se lhe oferecerem um certificado bem vistoso. Então você é isso, você é o que faz repetidamente. Eu creio que muitos de vocês estão um pouco perdidos na nossa universidade porque fazem um mal uso do tempo. A excessiva programação em sala de aula dificulta a oportunidade para o uso mais intensivo da biblioteca, a realização de pequenos projetos de pesquisa em áreas de interesse, a participação de estágios curriculares durante o curso e uma série de atividades que muito lhes ajudariam a ser verdadeiramente bem mais.

O uso do tempo

Acreditar nas circunstâncias

Diante das mais diversas circunstâncias que tenhamos em nossas vidas, nós temos de acreditar. Pode

ser uma coisa boa mudar um pouco. Por que eu não vou fazer aquele estágio que me ofereceram lá na Rondônia? 'Ouvi dizer que tem uma comissão lá para proteger as árvores que estão ameaçadas pelo fogo e precisam de gente voluntária, oferecendo somente o alojamento. Eu tomei conhecimento do aviso mas não quis saber'. Esta seria, quem sabe, uma excelente oportunidade para ter uma melhor visão da realidade... Na melhor das hipóteses temos de acreditar nas circunstâncias. Quem sabe num dado momento encontramos o caminho que procuramos.

Vontade humana

Em tudo o que falei até agora há um pouco de determinação e vontade humana. E isto é inteiramente um projeto individual. Eu não posso seguir exatamente o caminho que meus colegas seguem. As idéias que um de vocês tem sobre seu futuro acadêmico e profissional não são as mesmas do colega que está sentado ao lado. Não é possível copiar-nos uns aos outros porque o mundo precisa de nós como indivíduos. Nós podemos eventualmente desenvolver projetos futuros coincidentes, mas não exatamente iguais. Os planos de vida que nos aguardam não são iguais e por excelência únicos. Por isto temos de compreender que estes programas não aceitam a idéia de coletivismo. 'Não se pode admitir que eu faça determinado curso porque a Maria e a Joana me disseram que também o farão'. A duplicidade de decisões é um erro fatal que se comete, trucidando o futuro profissional. Antes de decidir seu futuro com base nos outros, é preciso ouvir-se e entender os sinais. Estes

O caminho de cada um

sinais são diversos e em toda parte surgem de modo muito elo-quente.

As nossas experiências e o que falamos são sempre o fruto real de uma vivência. Resulta muito difícil expressar uma experiência que não se conhece. Este testemunho é fruto de um processo experimentado que espero ajude alguns a encontrar o seu próprio destino.

Entusiasmo e triunfo

Nós viemos ao mundo para ser felizes. Viemos para vencer. Para alcançar nosso verdadeiro destino e colaborar na Obra Divina que está por terminar. E devemos trabalhar nesta Obra. Nós não somos uma obra divina totalmente acabada. Uma forma de aperfeiçoamento reside em colaborar da forma mais entusiástica possível nesta Obra. Há muita coisa que os gananciosos fazem para destruir tudo. Vocês estão muito perto do verde, o que têm feito por ele? Plantar é sumamente importante, mas proteger e preservar também o é!

A Obra Divina

A experiência é sempre a soma do que é feito. O que você tem feito? Só tem ouvido? É preciso agir também. Se você quer adquirir experiência, tem de fazer. Você na verdade só aprende fazendo. Ouvindo você não aprende quase nada. É a partir do que você faça que você vai poder aprender.

Treinamento, o que é?

O termo treinamento se aplica erroneamente a muitas atividades pseu-do-acadêmicas e pseudo-científicas.

Mente e treinamento

No modelo que temos no Brasil se insiste em compor os programas de pesquisa da pós-graduação com a realização de disciplinas de áreas diversas. Eu não considero como treinamento avançado esta realização que muitas vezes compromete o próprio desenvolvimento da atividade principal: fazer um projeto. É a partir deste desenvolvimento que o treinamento avançado surge real-mente.

O desenvolvimento de uma boa mente permite abrir caminhos. Uma boa mente certamente abrirá novos caminhos para seu país e para muitas coisas que você não imagina. Ponha sua mente no comando. Um cientista, educador ou professor se não tiver uma boa mente não poderá controlar seu próprio destino nem o daqueles que passam por seus programas de treinamento.

Mente e treinamento

Poder e ação

A idéia de poder está estreitamente ligada à idéia de ação. Tudo o que foi exposto aqui visa esclarecer alguns conceitos para obtermos em nosso meio um melhor ser humano. Eu creio que todos temos chance. O que é preciso é procurar ser melhor a cada dia utilizando os grandes recursos de que dispomos. Eu espero que de algum modo eu tenha ajudado alguém no sentido de seguir o caminho que Deus certamente lhe tem reservado. Desejo que todos vocês aprendam a ser verdadeiramente felizes.

Por um melhor ser humano

5

Pesquisa: o Aprender Fazendo

PARA MATAR um simples mosquito você só terá êxito se **concentrar.** A dispersão nada constrói, por isso aprenda a se concentrar. O ambiente de estudos pouco difere de um verdadeiro templo sagrado. O mesmo clima de acolhimento e reflexão são necessários a quem reza ou aprende.

Noções preliminares

Nosso idioma —o português— é impreciso em muitos aspectos. Muitos termos utilizados em ciência e tecnologia são imprecisos, ao contrário do inglês. O termo **pesquisa**, por exemplo, pouco significa para muitas pessoas. O seu equivalente em inglês **research** traduz uma idéia de **reprocurar** uma e outra vez. Deste modo, pesquisar não significa tão somente 'procurar', como muitos pensam. Mas procurar muitas vezes. Só pode fazer pesquisa quem está disposto a procurar, repetir, reencontrar, reconsolidar, chegar e reprocurar. **E reprocurar é o aprender fazendo.**

E o que é aprender? Em inglês este processo antecede a **knowledge,** que significa o **conhecimento**

Aprender, o que é?

adquirido por meio dos mais diversos sis-temas, meios ou mecanismos que possam levar ao que chamamos genericamente de 'aprender'. **To know** pressupõe o domínio de uma determinada área de conhecimento, só possível de ser atingido por meios ou mecanismos apropriados. A simples idéia de aprender 'assistindo' é como participar de uma peça de teatro sem ter a oportunidade de transpor-se à realidade que gerou tal peça ou cenário. Questiono todo meio educacional em que o educando é um mero agente **passivo,** que não pode intervir de algum modo no processo de obter conhecimento. Este difere substancialmente do que entendemos como **informação**, cujo alcance tem as limitações da **notícia** cuja 'vida útil' é quase sempre muito curta. Muito cuidado! Uma pessoa pode possuir muita informação e não **saber** coisa alguma! Eu posso ser um indivíduo que lê vários livros, e ser um completo idiota. Ao contrário do conhecimento, a informação não assegura o domínio e a capacidade de resolver problemas, tão necessária no mundo em que vivemos. Informação sem conhecimento não faz sentido. É um quadro na parede que chama a atenção e não contém mensagem alguma. É uma 'obra' abstrata.

O conceito de **fazer** não está ligado ao conceito de **tempo.** Porque o 'tempo' não é parâmetro confiável. O tempo é uma testemunha em uma situação ou condição, num dado experimento, por exemplo. O termo 'efeito do tempo' não faz sentido, porque na verdade não existe tal efeito. Existe o efeito de parâmetros físicos como a temperatura, a umidade relativa, a velocidade cujo efeito pode ser medido ao longo de um certo tempo. O que acontece com os

'Efeito do tempo'

fenômenos da natureza, se aplica ao maior fenômeno que aquela gerou: o **ser humano**. Todavia, ao contrário de muitos fenômenos naturais cujos processos são governados por leis muito precisas e simples, o homem tem um alto grau de dispersão podendo realizar suas 'tarefas' durante tempos muito variáveis, por fatores extraordinariamente complexos. Deste modo, atividades similares são realizadas por pessoas em tempos muito diversos. A noção de tempo e a noção de fazer varia enormemente de pessoa a pessoa, em função de hábitos, tradições, self-discipline, atitude mental, etc. Assim, o que para um corresponde a um minuto, para outros pode compreender uma hora. Em conseqüência, alguns **fazem**, muitos, simplesmente pseudo-existem. O processo de aprender fazendo, pressupõe um comportamento próprio do rigor científico, que não pode prescindir nem do uso eficiente do tempo nem da escolha acertada do que fazer. Este último assunto constituiria um tema aparte que não posso abordar neste momento.

Observar: noções preliminares

Jamais existiria um **pensador** se antes não houvesse um **observador**. É impossível pensar sem observar. Muita gente acha que 'pensar' corres-ponde a um processo mais ou menos ordenado sobre algo cuja ex-pressão não possui ainda uma clara 'definição'. Na maioria dos casos, pensar decorre de uma capacidade que todos nós podemos desenvolver através do exercício da observação e interpretação. O que normalmente se conhece como **imaginação** é na verdade a capacidade de transpor imagens reais numa dada perspectiva, capaz de gerar 'novos conhecimentos'.

Observação
e imaginar

Muitas descobertas têm sido fruto deste processo. Alguns dos cientistas mais célebres que a humanidade já teve utilizaram esta simples habilidade para realizar avanços que tanto nos tem beneficiado. São exemplos muito expressivos, Newton, Fleming, Curie e Einstein entre outros.

O que é observar? Observar, não é só olhar. Observar significa ter a capacidade de usar os sentidos correta e completamente. Muitas pessoas há que não conseguem 'parar' um minuto e observar uma árvore, uma folha, uma flor, a riqueza de uma pedra, a riqueza que a natureza nos oferece, constante e prodigiosamente. A quantidade de detalhes que temos diante constitui um exercício de observação fantástico, que quase sempre nos passa desapercebido. Quase sempre o modelo da lanterna do último modelo do carro do ano preenche nossa curiosidade, repetitiva e idiotescamente. Naturalmente, que quando falo da riqueza que a natureza viva nos oferece, não excluo as pessoas que podemos apreciar muito além da aparência...

O conceito de observar é amplo e envolve bem mais do que os cinco sentidos. A capacidade de percepção é a capacidade que o cérebro tem de controlar e perceber situações novas. Esta habilidade pode ser desenvolvida ao longo do exercício.

Numa experiência que eu tive no Canadá fiquei deveras impressionado ao constatar que crianças com a idade de oito anos desenvolviam o exercício da observação em animais que mantinham em sua 'sala de aula' simplesmente para estudar o seu comportamento, o qual era monitorado com constantes visitas `a biblio-

A experiência canadense

teca. Era um exercício excelente de aprender fazendo e observando... Em alguns países reconhecidamente evoluídos a tradicional sala de aula está sendo substituída pelo exercício da observação e interpretação do tipo existente nas escolas primárias canadenses. A sala de aula é condenável porque nesta so-mos meros expectadores. Uma espécie de passarinhos que esperam por alimentação bem mastigadinha, sem sair do ninho. Na nossa realidade a mastigação continua na vida adulta e deste modo nunca aprendemos a voar. Entenda-se como voar o aprender a usar a biblioteca, a observar e a tirar conclusões de modo livre e independente. Todos os cursos que preservam a sala de aula como único meio de formação são obsoletos porque não permitem o exercício da criatividade, função primordial da educação superior.

Ao nosso redor temos bons modelos que constituem uma excelente fonte de inspiração muito mais rica que as nossas salas de aula. Tomemos o exemplo de Norman Borlaug, prêmio Nobel da Paz em 1970. Um homem fantástico que deixou a Universidade Americana para desenvolver experiências num dos estados mais pobres do México, Sonora. Ali desenvolveu a Revolução Verde com experiências genéticas que alguns conhecem muito bem. Borlaug é um bom exemplo de um homem que fez pesquisa tendo um meio hostil como sala e venceu o desafio porque lançou mão de toda a sua criatividade.

A Natureza é certamente nossa melhor escola, e o exercício que temos de fazer ao longo de nossa vida, principalmente quando lidamos com ciência. Entenda-se que a simples observação da natureza não nos

Fenômeno natural

permite o seu completo entendimento. O que quero enfatizar é que a natureza ao nosso redor nos proporciona uma excelente motivação para encontrar nos bons livros a noção que precisamos para a interpretação ou experimentação do fenômeno natural.

Lendo e entendendo ciência

Para ler e entender ciência é preciso superar algumas limitações. A mensagem científica tem de ser compreendida de modo totalmente diverso de um romance. Ler e entender ciência pode constituir-se numa grande dificuldade, principalmente nas pessoas desmotivadas ou incapazes de identificar um dado problema ou estudo. Quando lemos um romance do Simmel, famoso escritor austríaco, podemos ficar de tal modo 'ligados' que acabamos lendo o livro completamente, em pouco tempo. Neste tipo de leitura nossa imaginação 'viaja' e consegue 'participar' de episódios inteiramente novos e surpreendentes. Ler um 'reprint' constitui experiência totalmente diversa. Neste, temos de ser seletivos, capazes de discernir o que verdadeiramente nos interessa como subsídio ao nosso projeto ou estudo. Normalmente temos de ler uma e outra vez uma mensagem que a princípio pouco entendemos, principalmente se a época de nossa leitura não temos vivenciada qualquer experiência/observação no laboratório. Ler ciência implica sobretudo a procura incessante de respostas para questões bem formuladas em nossa mente após algum tipo de convivência experimental com um dado fenômeno observável. Ao contrário do romance, literatura científica você só deve ler se estiver fortemente motivado.

A mensagem científica

Função educacional da literatura técnica

Há pessoas que desenvolvem interesses científicos pelos mais diferentes motivos. Infelizmente no nosso meio escolar e mesmo universitário o trabalho de criar uma maior motivação científica nos nossos jovens é por demais limitado. Em conseqüência disto há muita improvisação no momento em que se resolve dar início a uma carreira científica com um mínimo de informação e vivência. Naturalmente que nesta análise não podemos deixar de incluir o importante ingrediente da vocação, cujo sufoco pela mais entusiasmada decisão intempestiva pode levar a resultados desastrosos.

Interesse científico no meio universitário

O processo que utilizamos para chegar ao que queremos é na verdade simples, envolvendo na maioria dos casos experiências mais ou menos precoces que marcam uma inclinação que muitas vezes somente é consolidada alguns anos mais tarde. Tais experiências são em geral associadas com uma cadeia de valores e aspirações que desenvolvemos na maturidade. A escolha tornar-se-á bem mais fácil na medida em que haja a mínima intervenção de pessoas que possam, a partir do círculo familiar ou outro, oferecer interferências nocivas ao processo de decisão. Há pessoas que estão interessadas em Medicina Veterinária por uma série de razões, eu espero que a 'novidade' e 'popularidade' do curso não seja uma delas... Em meu Laboratório eu recebo graduados em Engenharia que desejam trabalhar nos projetos que meu Grupo lhes oferece: Retenção de Aroma em Processos de Desidratação, Indução de Cristalização em Açúcares de Frutos Liofilizados, Criopreservação de Frutos Congelados, Microestrutura e Arquitetura de Sistemas Alimentares. Estas Linhas de Pesquisa

Fazendo e aprendendo

O problema da escolha profissional

constituem antes de mais nada uma oportunidade de estudar fenômenos com a aplicação de Princípios e Aplicações da Engenharia de Alimentos. O desafio envolvido na solução de problemas que sempre surgem no desenvolvimento dos Projetos e Sub-Projetos decorrentes constituem uma possibilidade de aprender fazendo. Nós não estamos na verdade preocupados com a produção direta de um fruto desidratado ou congelado. O que pretendemos é o aperfeiçoamento do cérebro humano através do exercício da geração de conhecimento pela observação, da capacidade de síntese pela leitura objetiva ao ler e entender ciência, do desenvolvimento da noção de aprender expondo e expondo-se ao meio e realidade científicos. Um processo para tornar-se maior mesmo sendo 'grande'... Mas, se alguém prefere ser Músico ou Cineasta, que por favor não me dê atenção alguma. Parta logo em busca de seu ideal e seja verdadeiramente o que ele mesmo deseja ser. O mundo está projetado para receber pessoas felizes e ser feliz deve ser o objetivo maior de todos nós. Você deve ser o que mais deseja, independentemente de toda as vantagens e desvantagens que outros considerem. Porque você vai conviver primordialmente com você mesmo e com tudo aquilo que derive da sua atuação, tomada no seu mais amplo sentido. Não nos escravizemos! Não sejamos tentados por vícios do tipo 'campo de trabalho', 'nível salarial', 'status', etc. Coloque-mos acima de tudo a vontade de colocar-nos a serviço de um destino superior, capaz de transformar-nos em artífices de uma Obra que nunca termina. Bem mais importante que 'ter' é ser! O mundo precisa de pessoas que são verdadeiras e verdadeiramente são!

Seja feliz, seja o que mais deseja

O que é fazer ciência?

Fazer ciência não constitui um simples exercício de treinamento. Também não significa uma tentativa de domínio de determinada área do conhecimento consolidado principalmente por um certo volume de informação. Não pode ser entendido como uma forma de promoção —pura e simples— para obter títulos ou algo semelhante. Na verdade, fazer ciência constitui o **melhor caminho para desvendar segredos de uma determinada parte da Natureza, num dado campo de estudos.**

Ao fazer ciência nos envolvemos em infinitas possibilidades para exercitar e ampliar nosso **poder de observação** que, como já temos enfatizado, constitui condição fundamental para o desenvolvimento da **ação pensante** de um ser humano verdadeiro e pleno.

A Natureza nos apresenta infinitas possibilidades de estudo e descoberta. Dentro dos mais diversos campos do conhecimento humano todavia existe a oportunidade de experimentação. Sem importarem tanto os recursos materiais disponíveis, quem faz ciência pode estabelecer vínculos e relacionamentos profissionais com muitos centros de investigação em todo o mundo e participar de oportunidades de congraça-mento pessoal em múltiplos encontros e eventos científicos nacionais e internacionais.

Um verdadeiro cientista pode fazer uma enorme diferença no cenário universal, na dinâmica de um tempo que precisa de soluções urgentes face à **fome, à destruição de nossos recursos verdes, à super-**

Precisamos de bons cientistas!

população, miséria, escalada do crime, doenças ainda incuráveis, mudanças climáticas, etc. O mundo precisa a cada novo tempo, de poucos mas excelentes cientistas, homens e mulheres que estejam dispostos a **dar de si nates de pensar em si**, como muito bem define um conhecido lema rotário.

Aprender, o que significa?

Ao contrário do que muitos pensam, aprender não significa o acúmulo de informação para parecer mais ilustre. Eu posso ser um homem ilustrado e ser incapaz de enfrentar qualquer situação nova que surja no meu dia a dia. Isto pode acontecer na minha vida pessoal ou profissional. Explico melhor: ser culto ou ilustre pode parecer muito importante... mas pode também representar uma condição inconsequente num dado momento em que precisemos agir de modo mais racional e inteligente.

O que não é aprender

Alguns pensam que aprender implica em ler tudo o que nos vem às mãos para garantir a atualização ou 'domínio' de uma realidade. Este processo é algo parecido ao que observamos numa 'esponja'. Com a mesma facilidade com que absorvemos algo que nos parece 'novo', em pouco tempo, deixamos de reter tal informação porque ela carece de maior importância ou motivação ao longo do tempo. Aprender uma determinada técnica ou experiência para garantir um emprego pode ser interessante à primeira vista, mas esta estratégia pode revelar-se completamente vazia quando descobrirmos que no mundo devemos ser algo mais que meros instrumentos de uma sociedade incompleta quando vista exclusivamente pela perspectiva da produtividade e performance funcional.

Na verdade, aprender significa adquirir um instrumental capaz de munir-nos de habilidades para enfrentar o novo, dentro do campo de estudos ou de trabalho em que atuemos. Aprender deve estar sempre ligado à idéia de crescimento e à capacidade ou disposição de oferecer. Só aprende quem adquiriu uma estrutura mental flexível capaz de responder de forma rápida e eficaz às situações inusitadas de seu campo de atuação.

Aprender, o que implica?

Informação e formação

Qual a missão verdadeira da Universidade? O que significa **formar** pessoas?

Certamente, não podemos 'formar' alguém oferecendo-lhe exclusiva-mente informação. Formação sem a aquisição de **aptidão** não faz qualquer sentido. Na vida real possuir conhecimento pura e simplesmente de pouco adianta. Em múltiplas situações precisamos **saber fazer**. O médico pode conhecer tudo sobre anatomia humana e ser incapaz de diagnosticar uma enfermidade porque não sabe como **agir** diante de determinado quadro. Um mecânico pode ter feito muitos cursos sobre a moderna tecnologia automotiva, mas ser incapaz de descobrir um determinado defeito no seu próprio automóvel. Formação significa uma capacidade de imaginação e ação. Mesmo os mais inventivos poucos resultados podem alcançar sem a necessária ação para consolidar uma determinada idéia ou empreendimento. O mundo está cheio de sonhadores que pouco ou nada conseguem porque não adquiriram a necessária capacidade para materializar o que almejam. Na vida pessoal e profissional são os **resultados** obtidos o que verdadeiramente conta.

Formação e ação

Eu não posso entender **formação** sem o real desenvolvimento da capacidade de **pensar.** Qualquer processo educativo que não vise este objetivo não merece a conotação de educacional. Porque para inovar ou criar, o que pressupõe a descoberta de algo novo, são necessários o aprender a **observar** e **pensar**, condições mínimas para o processo criativo, principal razão de um sistema educacional que vise a formação de indivíduos em condições de enfrentar a realidade que se caracteriza por uma problemática em constante mudança e transformação. O que deve pretender-se é antes de tudo a produção de um indivíduo original, em condições de enfrentar o novo com um instrumental mínimo necessário para entender e resolver cada situação como algo natural em sua vida, na realidade do trabalho que abraçou.

Bases paraa criatividade

Alguns conselhos de interesse

Leia menos e faça mais.

Limite ao máximo sua área de interesse.

Não pense em quanto você precisa 'ganhar', mas no que honestamente você pode oferecer.

Não faça curso (ou similar) por imposição de quem quer que seja.

Conheça-se verdadeiramente e seja seu principal conselheiro.

Aprenda a observar e a tirar conclusões de modo independente e objetivo.

Faça uso da experimentação como uma forma de conhecer a verdade.

Não defenda ou afirme conceitos sobre os quais você não tem domínio ou uma base sólida experimental.

6

Vocação, Desempe-nho e Credibilida-de... E onde fica a Criatividade?

ESTES CONCEITOS recebem uma conotação realmente bem diferente do que na verdade são. Os três primeiros podem convergir ou não para o que se conhece como **criatividade**, que em última análise é o que faz uma enorme diferença num dado indivíduo, instituição ou país.

Vocação, o que é?

Vocação não é nada que vem dos outros. Vocação não é o resultado do pensamento de um grupo. Eu não devo fazer 'engenharia' porque minha turma resolve isso. Vocação é em verdade **um chamado a servir**. Todos nós recebemos um chamado que surge de várias formas, na maioria das vezes de um modo único e especial que custamos a aceitar e ac-

Chamado a servir

reditar e por isso fracassamos. Vocação é o início de um caminho que deve ser tomado muito cuidadosamente. Quem erra na vocação – **no chamado** – erra para sempre, faz um casamento imperfeito que difícilmente poderá quebrar. Eu sei que exagero um pouco mas a verdade é que quem assim procede vai ser infeliz a vida inteira. A vocação não é algo para nós mesmos, mas para os outros. Uma vida profissional só tem sentido se for desenhada para servir, para preencher algo necessário ao seu país e ao mundo em que vivemos.

Desempenho, o que em verdade significa?

Este termo é um tanto confuso para alguns. Ele é retirado da engenha-ria e significa a capacidade de uma determinada máquina para produzir ou realizar operações pré-estabelecidas durante certo tempo. Na nossa realidade desempenho pode significar a performance de uma deter-minada pessoa para executar tarefas as mais diversas, a maioria delas totalmente fora de sua área de atuação ou competência. Desempenho pode ser algo falso que não traduz o verdadeiro mérito de um dado indivíduo.

Credibilidade, pra que serve?

Ao longo de nossa vida recebemos crédito nas mais diversas circunstâncias. Nossas famílias quase sempre depositam em nós uma esperança que se traduz numa credibilidade sem limites. A medida que crêscemos recebemos a credibilidade de instituições que também esperam de nós algum tipo de 'retorno'. Quando atingimos a idade adulta a sociedade e o mundo nos cobram uma atitude e contribuição

dignas de nossa posição e responsabilidades. Este tipo de credibilidade é em verdade uma projeção que não corresponde a uma realidade e em conseqüência pouco contribui para a competência profissional que se espera de cada um de nós. Credibilidade pode ser oferecida a uma determinada universidade que naturalmente não pode ser avaliada pela imponência de sua estrutura física mas pela real contribuição exercida por seu quadro de professores e pesquisadores em suas diversas áreas de competência. Um laboratório científico não pode existir oferecendo ilusões porque a problemática que temos diante está aí e agora.

Credibilidade universitária

Criatividade e seu papel crucial na inovação

Criatividade pressupõe a capacidade de integração de todos os recursos disponíveis para produzir algo novo. De pouco adianta 'produzir' trabalhos científicos em número respeitável para tão somente garantir uma credibilidade desejável. O avanço da ciência e tecnologia depende principalmente da inovação. A pesquisa cientifica de bom nível deve fazer o máximo uso da criatividade para promover o fluxo de recursos necessários à sua manutenção e implementação. Quando falamos em criatividade falamos em cérebros. Ela faz parte de um processo que germina a partir de uma dada idéia ou observação e to-ma forma pela imaginação de indivíduos verdadeiramente privilegiados capazes de transformar algo mui efêmero numa incontestável realidade. Conhecimento nem sempre constitui a grande diferença e sim a visão que temos de um dado problema. Alguns destes continuam sendo cruciais em virtude do tratamento

Cérebros e criatividade

Fome e destruição da natureza

pouco científico que recebem. Tal é o caso da fome e da continuada destruição da natureza.

Nossa realidade científica

O problema da falta de criatividade se agrava com a evasão de cérebros para os países que apresentam um maior estímulo. Mesmo no Brasil esta perda é significante a cada ano. A ONU está classificando os primeiros 100 países por um índice que denomina de **Desenvolvimento Humano** que leva em conta os níveis educacionais e de saúde, bem-estar social, evolução científica, proteção ambiental, etc. O Brasil ocupava em 1998 o 74º lugar, o que traduz uma situação dramática para um país como o nosso. Nós precisamos rever esta realidade. Precisamos gerar líderes verdadeiros capazes de transformar este momento em algo mais promissor, em cada um dos setores mencionados. Na atividade científica esta liderança tem que existir com uma maior autenticidade. Não faz sentido que no momento em que precisamos fomentar líderes em nossas universidades ainda exista alguém que não incentive a pesquisa científica inibindo o seu potencial criativo e a própria evolução da nossa realidade científica.

Desenvolvimento humano, Brasil

Este fomento exige a sólida participação de elementos em condições de oferecer apoio e realização num deter-minado empreendimento científico. É o trabalho conjunto voltado para um único objetivo: atingir o resultado almejado. Na nossa realidade é comum a marginalização de cientistas que voltam do exterior com muitas idéias e projetos, com extraordinárias possibilidades de liderança. Estes cientistas deveriam tomar parte em decisões importantes

Marginalização de cientistas

nas diversas esferas do nosso momento educacional. Esta marginalização constitui um sério obstáculo à própria evolução da nossa pós-graduação e programas de pesquisa. O mundo de nossas universidades tem que se transformar em algo mais dinâmico, até que se percebam mudanças significativas de um dia para o outro, até na maneira de pensar. É preciso que haja um verdadeiro refinamento na nossa capacidade de observar, imaginar e pensar. Este novo *imput* se for devidamente integrado poderá exercer uma enorme influência no meio universitário que o receba. Este modelo de esforço contradiz a centralização excessiva que observamos em nossas instituições universitárias. Em que pese o mérito e capacidade realizadora de certos indivíduos, o modelo de centralização a que estão sujeitos acaba por reduzir esta mesma capacidade de modo significativo.

Centralização universitária

Como melhorar o nosso desempenho

Sendo a nossa principal atividade a que tem caráter científico cabe enfatizar o que significa um verdadeiro desempenho. Na verdade este só será possível a partir do momento em que possamos reduzir os desempenhos menos relevantes. Atividades secundárias do tipo Mecanístico que exigem algum grau de concentração e uma mínima criatividade podem comprometer seriamente um bom desempenho universitário. Este só será possível com uma dedicação exclusiva e constante e uma vida de trabalho ao longo dos anos. de interesses pode dissipar energia e concentração não permitindo a ação cientifica de bom nível. A ciência não tem fronteiras podendo um trabalho de mérito feito em determinado laboratório ter repercussão

em qualquer outro país. Desempenho implica num extraordinário poder de seleção (num dado campo científico) e uma conseqüente dedicação diuturna. A vocação continua exercendo um importante papel, com o treinamento avançado convertendo jovens pós-graduandos em profissionais com um melhor desempenho. Na atividade científica espera-se a convergência de indivíduos de **fé** porque a descoberta de um fenômeno natural é a maior prova de um grande desempenho.

Bases do treinamento científico

Como indicado anteriormente todos nós recebemos credibilidade da parte de pessoas e instituições de um modo mais ou menos gratuito. Credibilidade no meio científico não se recebe assim tão facilmente. Em geral, os cientistas mais jovens enfrentam uma certa resistência diante de cientistas mais proeminentes. Em alguns casos a própria instituição ou centro geográfico em que está sediado um certo laboratório pode contribuir para uma maior ou menor credibilidade, dada a existência ou falta de uma tradição científica. Todo indivíduo que começa apresenta uma baixa credibilidade científica ainda que possua uma certa maturidade e disposição para fazer ciência. É o aperfeiçoamento destas características, aliadas a um forte programa de trabalho, que poderá melhorar sua credibilidade científica ao longo dos anos. Este esforço não exclui a necessidade de constante persistência, a obediência a altos padrões morais e um contínuo estado de alerta próprios da verdade científica. Tal constitui a auto superação que tantos devem exercer. Este processo é muito lento e pode levar alguns anos

para que um deter-minado trabalho receba credibilidade. Em ciência o exercício da verdade persegue a descoberta do **fenômeno**, seu principal impulsionador. Muitos deles ainda sem comprovação. O trabalho de treinamento avançado nas nossas universidades se depara continuamente com a grande diferença entre a preparação do candidato e o programa de mestrado ou doutorado. Um grande trabalho deve ser realizado para quebrar vê-lhos costumes e inserir uma nova mentalidade. Nossos resultados não se prendem à transformação de produtos com potencial industrial mas sobretudo à conversão de um indivíduo sem qualquer credibilidade científica num ser no mínimo iniciante de uma carreira que irá mudar sua vida para sempre. Em princípio, qualquer pessoa com um mínimo de fundamentação teórica em disciplinas do ramo científico e um bom treinamento experimental em determinado campo de estudos, pode tornar-se um cientista de mérito se souber fomentar um auto-crescimento continuado através de uma dedicação contínua e verdadeira. Fatores que devem ser desenvolvidos adicionalmente envolvem uma capacidade de concentração superior, uma liderança sábia, audaz e corajosa e uma competência tão humana como científica. Com estas características é possível ganhar a credibilidade científica internacional. Esta está relacionada com as várias facetas do mundo da ciência, para muitos um clube fechado com poucas possibilidades de acesso, sobretudo se este exigir algumas doses de maturidade profissional. O amadurecimento gera uma maior ordenação mental permitindo um extraordinário aumento da capacidade realizadora e criativa do homem de ciência.

Descoberta do fenômeno: base de promoção científica

Cientista de mérito

O preço do sucesso

Para vencer na vida ou em qualquer carreira científica é necessário que saibamos concentrar todos os nossos recursos e esforços numa dada direção. Isto exige muitos sacrifícios e renuncias. Ao longo do nosso caminho somos tentados muitas vezes a aceitar cargos e encargos que por sua natureza e desdobramentos não nos correspondem. A ciência perde a cada dia um significativo número de integrantes que são conquistados pela iniciativa privada, o serviço público, a função administrativa e outras atividades movidas pela vaidade, o dinheiro e a falta de motivação. O preço do sucesso é a recompensa que surge nos mais diversos momentos de um trabalho coroado pelo reconhecimento inter-nacional e o respeito de pessoas que fazem parte de um clube infinitamente amplo e rico. É comum encontrar um novo colaborador em algum congresso a que assistimos em Toronto ou Bucareste, ou conhecer pessoas que em verdade desejam participar do nosso esforço num dado projeto de pesquisa a partir da divulgação de nossos estudos. Neste contexto pouco importa nossa situação geográfica mas a contribuição de maior ou menor significação que estamos oferecendo ao mundo. O que conta é a nossa capacidade criativa e de realização capaz de resolver ou colocar em perspectiva a solução de problemas que tenham transcendência social, econômica, educacional, técnico-científica, etc. Não fica por demais frisar que a expressiva maioria dos candidatos que recebemos para treinamento avançado, acabam oferecendo importantes contribuições científicas ao nosso país e ao mundo, ocupando por isso impor-

O reconhecimento internacional

tantes posições acadêmicas e científicas. Este é também o preço do sucesso!

Em busca do mérito científico

Fazer ciência exige um constante aperfeiçoamento. Este só se torna possível pela continuada auto-disciplina, fé no trabalho e capacidade criativa. Uma boa parte do tempo trabalha-se no invisível em algo que existe mas não se percebe facilmente. O cientista verdadeiro deve transferir essa mesma disciplina, essa mesma fé para os jovens que ele está transformando. Sem disciplina não haverá resultados e sem resultados a fé perde o seu alcance. Uma outra questão muito comumente discutida na comunidade científica está relacionada com a ambição do pesquisador. Muitos há que se contentam com pouco. Que não pensam na descoberta como algo possível em seus laboratórios. Outros todavia já pensam bem mais alto e são estes, em número reduzido, os que respondem pelos grandes avanços da ciência no passado e no tempo presente. De nada adianta sermos mui inteligentes e 'esforçados' no sentido eventual do termo. Muitos são os que trabalham em sistemas mais ou menos compactados interrompendo seu 'expediente' em períodos convencionais. Esta realidade coroe a autodisciplina e conduz fatalmente a uma produção científica medíocre, afetando o próprio mérito do pesquisador e da instituição que o acolhe. A atividade científica é por excelência uma atividade pensante devendo cada um de seus integrantes exercer essa condição nos momentos menos convencionais do dia-a-dia. O ideal é trabalhar continuamente na medida em que seja possível tal ação, sem importar onde e quando

Pesquisa e ambição

Desempenho da função cientifica

a função científica deva ser exercida, na medida que assim o permita a nossa atividade pensante. Um pintor e muitos outros profissionais que conhecemos trabalham com as mãos. Um cientista é um ser pensante e é nessa condição que tem de ser compreendido, sendo sua obra basicamente decorrente disso. Tal não exclui sua condição de um ser humano vivendo a problemática de um mundo altamente desordenado e indisciplinado, exigindo a integração de pessoas que muito embora dedicadas à ciência na maior parte do tempo, são obrigadas a conviver com uma realidade convulsa e pouco aperfeiçoada. Por isso é necessária uma rigorosa organização e disciplina para cumprir uma agenda diária de compromissos ao mesmo tempo comuns e incomuns.

Organização e disciplina

Num país como o nosso, o reconhecimento caminha muito devagar e muitas vezes não chega para muitos dos profissionais que o merecem. O mérito em certas pessoas é uma peculiaridade rara porque ao não serem reconhecidas elas vivem da ilusão de um momento inatingível. Na atividade científica é preciso ter mérito e ser reconhecido diante do verdadeiro valor de uma dada contribuição ou descoberta. O problema de um reconhecimento ou avaliação reside na dificuldade para identificar componentes de mérito capazes de traduzir um valor real, do ponto de vista inovador, alcance social, etc. No Exterior, notadamente nos países mais avançados, se pratica o reconhecimento sempre que numa universidade ou num dado centro de pesquisa algo de mérito deva ser projetado. Num mundo onde não há reconhecimento ao merito surge a evasão de cérebros em detrimento da sua própria criatividade. Em certos casos, tem-se

Mérito e reconhecimento

um incentivo exagerado à promoção de indivíduos com uma atitude essencialmente mecanicista. O ser humano precisa sempre de reconhecimento porque não é uma máquina.

Promoção universitária no meio científico

Independência e colaboração em pesquisa não se compram, se conquistam. Ao contrário do que certos reinados asseguram aos seus descendentes, eu não posso desfrutar de qualquer reconhecimento científico sem ter demonstrado antes minha competência e credibilidade. A liberdade e os demais princípios que permeiam o mundo acadêmico se repetem no dia-a-dia dos nossos laboratórios que recebem a associados única e exclusivamente com base no mérito e na competência. Eu não posso receber a quem quer que seja a título de prestar favores ou para promover alguém que sabidamente não oferece as condições acima mencionadas. Em alguns momentos do nosso trabalho podemos deparar-nos com situações tragicômicas decorrentes de diferenças de personalidade que certamente existem entre indivíduos que se expõem a uma vida de alto risco. É comum confundir-se simpatia com habilidade científica e as conseqüências vão divertindo o mundo... A colaboração mútua só é possível na medida em que existam afinidades de ordem pessoal, de formação e no campo de trabalho.

Competência e credibilidade

A universalidade da atividade científica

A atividade científica é universal. Você pode trabalhar com gregos, maometanos, judeus ou anglicanos. Em nosso Grupo já trabalharam americanos, russos, po-

Atividade científica e relacionamento humano.

loneses e indianos. Neste momento temos ilustres representantes da nossa América Latina (Peru, Bolívia) e estamos nos relacionando com países tão diversos como a Nova Zelândia e o Iraque que demonstraram interesse em estudos que temos atualmente em desenvolvimento no nosso Laboratório. Há poucos anos em congresso internacional realizado em Toronto, no Canadá, eu estava vendo um trabalho de um colega polonês que me chamava a atenção pela excelência dos seus resultados. Em pouco tempo localizei o referido colega e imediatamente o convidei para trabalhar comigo em Lavras, possibilidade que acabou se concretizando alguns meses depois com a sua vinda e de sua família que muito apreciaram a Universidade e nossa Cidade. Creio ser este um excelente exemplo de colaboração nos moldes preconizados no item anterior. A atividade científica oferece a possibilidade de um relacionamento humano acima de qualquer condição de nacionalidade, crença, regime ou representação partidária. Além disto, existem muitas possibilidades de representação nos diversos níveis da sociedade, condição que pode oferecer oportunidades adicionais de participação e contribuição a determinados indivíduos —membros da comunidade científica. A condição de cientista pressupõe um indivíduo com a constante missão de solucionador e pacificador, isto lhe confere transito livre em zonas de conflito em quase todas as partes do mundo civilizado. A história registra alguns episódios condenáveis: a utilização da fisão nuclear para fins destrutivos, o uso de armas químicas, a guerra bacteriológica e os agentes defoliantes, uma grande ameaça do nosso tempo.

Missão pacificadora

O poder da crítica

A crítica é necessária na atividade científica e no mundo acadêmico. Não é possível realizar mudanças substanciais no mundo em que vi-vemos sem uma boa dose de crítica. De modo específico, a evolução científica vive do poder da crítica para encontrar os seus próprios rumos. Algumas sociedades rejeitam a crítica por ter medo de encontrar a verdade. Algumas pessoas temem a crítica porque são inseguras e consideram a mesma uma ameaça às suas falsas convicções. Todos deve-mos suportar a crítica para conseguir o aperfeiçoamento que almejamos em nosso trabalho. Eu diria que sem a crítica em nosso meio, permanecemos estagnados nos níveis em que se encontram muitos países, onde sua atividade científica é muito pobre, precisamente por não existir a oportunidade da crítica. O que está em jogo é a opinião sobre o assunto em si. Pouco importa o seu autor, sua origem institucional e as relações de ordem secundária. A crítica é necessária principalmente quando você tem autoridade para fazê-la ou pode preservar ou promover a boa reputação do responsável pelo trabalho ou contribuição, objeto da crítica.

Crítica em nosso meio

O verdadeiro desenvolvimento humano

O verdadeiro desenvolvimento humano é fruto da integral dos fatores aqui referidos. Existe uma espécie de reação em cadeia que em certo grau retroalimenta outros fatores. Por este motivo todos os indivíduos que fazem parte de um dado grupo de pesquisa ou universidade devem exercer com generosidade o reconhecimento ao mérito, o poder da crítica, o elogio construtivo e a autoridade própria de sua experiência

Poder e desenvolvimento humano

científica. Também é o resultado da atuação num trabalho digno e honrado, da prática do respeito mútuo, do efetivo cumprimento das leis menores e maiores. E é sobretudo a capacidade rara de compreender as verdadeiras razões e funções da Natureza. O verdadeiro desenvolvimento humano, no meu entender, só será atingido no dia em que todos os seres humanos –cientistas ou não– respeitem do mesmo modo digno e honrado tudo aquilo que Deus criou com um propósito que nós não conhecemos totalmente. Desenvolvimento não significa ter cada dia mais, mas ser mais a cada dia.

7

Mediocridade: Nossa Maior Ameaça

E U ESTOU AGORA NA ANTE-SALA da Reitoria de uma importante universidade brasileira. Na mesa do centro e sobre os sofás se encontram publicações de todo tipo: boletins, jornais de diversos formatos, impressos de vários tamanhos. A impressão que se tem é a de que as pessoas em nosso país não conseguem fazer mais nada de bom nível. Mesmo em nosso meio universitário. Na amostra que tenho diante de mim quase tudo é medíocre. O conteúdo e diagramação são de um mal gosto terrível.

O Brasil está rumando a largos passos para um abismo. Se examino os jornais expostos em qualquer banca ou se me detenho diante de qualquer canal de televisão a constatação é quase sempre a mesma: nosso país está mergulhado num enorme clima de insensatez e burrice.

Quem seleciona nossas notícias ou quem produz nos-

Mediocridade na nossa imprensa

sos programas de TV certamente está convencido que sua audiência tem muito mau nível e que a única forma de garantir uma grande platéia é a de oferecer algo o mais medíocre possível. O pior de tudo é que tais profissionais estão certos. Estamos tendo a cada ano um enorme contingente de pessoas que ingressam na vida adulta, no mercado de trabalho, na política e em profissões diversas que apresenta baixíssimo índices intelectuais e profissionais.

Baixos índices intelectuais e profissionais

O problema é grave e só pode ser percebido por muito poucos. Normalmente ele quase sempre é notado por aqueles que se afastam do Brasil por algum tempo e tem a oportunidade de conviver com pessoas do primeiro mundo.

Um dos primeiros fenômenos que se observa é a de que a maioria das pessoas aqui não desenvolveu muito a capacidade de pensar. Muitas decisões são improvisadas nos mais diversos níveis.

A lei do improviso

Com grande facilidade se recorre à cópia, à opinião generalizada, à solução superficial, ao barato e fácil.

No nosso entender estamos pagando um alto preço por ter permitido um crescimento populacional proibitivo em nosso país. Nasce gente demais em pouco tempo e em sua grande maioria ela cresce e se torna adulta em condições totalmente hostis.

A grande maioria desta gente provém de famílias numerosas, muitas delas sem a mínima condição de colocar no mundo um ser humano inteiro, física e mentalmente falando. Muitas das crianças que nascem e sobrevivem no Brasil o fazem sob os mais diversos

Crescimento populacional

obstáculos do ponto de vista alimentar, psicológico, educacional, ambiental, etc. Nossos sistemas habitacionais, de serviços públicos, educacionais e de saúde não conseguem atender uma demanda de pessoas cada vez maior.

Num país pobre como o nosso as conseqüências são deveras assustadoras. A corrida entre os recursos existentes na nação e a pressão populacional está ficando cada vez mais desigual.

Pessoas que nascem e crescem em condições adversas, subhumanas até, tornam-se adultos subdotados. Constituem pessoas cuja performance fica muito aquém do normal e mesmo assim ingressam nos sistemas produtivos da vida pública e privada desempenhando um pobre papel. O resultado é a proliferação de profissionais incompetentes nos mais diversos setores de nossa sociedade.

Raízes da incompetência

Um país sem bons cérebros não pode prosperar. Crianças em número excessivo, subnutridas e subestimadas nunca atingirão uma idade adulta com a capacidade intelectual mínima necessária para tornar-se um ser pensante digno de participar ativamente na vida social e construtiva do país.

Surpreendo-me ao saber que nossas autoridades em posição de resolver nosso grave problema populacional continuam iludidas com a falsa crença de pensar que uma nação populosa é condição necessária para chegar a ser uma nação poderosa.

População e nação poderosa...

Enganam-se os que acreditam que devemos preencher nossos espaços vazios com novos compatriotas.

Na realidade os espaços vazios de hoje pouco vão importar a uma população que superlota nossas maiores cidades gerando os problemas sociais, ambientais e de segurança que bem conhecemos.

Um país para ser forte e dinâmico precisa de gente de qualidade da cabeça aos pés. Não só de pés. Precisa de pouca gente, bem constituída, bem treinada e bem intencionada. Gente capaz de oferecer antes de pensar em receber. Gente com espírito de serviço. Gente sem medo de mudar o que está errado, que não se acomode tão facilmente.

Muita gente, num país pobre, é de certo modo um luxo que não pode-mos pagar.

Eu creio que todos os Ministérios e Autoridades que podem dar uma imediata solução para o problema devem acionar todos os recursos para por fim a este verdadeiro desastre nacional.

O Brasil precisa urgentemente salvar-se da grave ameaça: a de tornar-se um país medíocre por não ter controlado com acerto seu crescimento populacional.

Controle populacional

Índice Remissivo

Informação

Mediocridade

Mérito

Vocação

Senhor Presidente

Nosso País vive dias difíceis. Temos no Brasil uma crise de valores advinda de problemas crônicos de identidade entre outros. Com muita facilidade invertemos a relação **ser ter** e como conseqüência a própria noção de serviço se perde ao longo do tempo.

Nossa Universidades não escapa a esta realidade. Aqui também temos um desordenado jogo de interesse que muito prejudica a própria razão de ser de Instituições como esta. Em nosso meio temos de tudo: sábios, mercadores, filósofos e pensadores. Ao lado de idealistas da melhor estirpe, encontramos pessoas de índole mercenárias que só trabalham por dinheiro. Estas ultimas constituem um antigo câncer que há muito deveria ter sido extirpado.

Vossa Excelência deve conhecer em alguns países, onde a Educação Superior constitui um bom modelo, diversas categorias de pessoal doente cuja classificação obedece sobretudo ao nível do trabalho desenvolvido. Avalia-se o **mérito dos serviços,** não o próprio volume dos mesmos. Deste modo temos na universidade americana a figura do **Lecturer** que se dedica quase que exclusivamente a ministrar aulas em níveis menos avançados. Acima desta categoria temos os níveis de professores teoricamente semelhantes aos nossos. Nestes níveis o mérito pertence ao que possui uma maior **capacidade inventiva** (cientifica, artística, filosófica, etc.). A própria estabilidade **(tenure)** pertence a quem ao longo de sua carreira demonstrou uma maior competência, avaliada continuamente. Na Inglaterra o chamado **Reader** ocupa seu lugar na Universidade ministrando aulas, sem todavia contribuir significativamente em atividades como cunho inventivo.

Ser inventivo é ter a capacidade de oferecer algo novo para o processo evolutivo do ser humano ou nação. Todo país, e o mundo como um todo, apresentam ao longo de nossa civilização desafios e problemas que precisam de solução. A história da **Evolução Cientifica,** por exemplo, demonstra claramente esta realidade. Muito devemos ao trabalho dedicado e competente de **cientistas** que após ter recebido um **treinamento avançado indispensável,** pensaram a contribuir nas mais diversas áreas do **conhecimento cientifico** em prol do conforto, segurança saúde e muitas outras conquistas de que hoje desfrutamos. Vale notar que tal contribuição se deve a uma minoria de homens o mulheres verdadeiramente dedicados à **Ciência.** São muito poucos os que fizeram tanto.

A manifestação de nossas universidades não me parece constituir o melhor caminho. Nos nossos atuais cursos de graduação ou "formação", um volume impressionante de informação e apresentada aos nossos estudantes de um modo que considero totalmente inadequado ao longo do tempo um excessivo numero de disciplinas foram criadas e improvisadas para atender a uma "carga horária" injustificável que favorece tão somente a constituição de um quadro de professores cujos métodos, recursos didáticos eu questiono. As conseqüências desta realidade Vossa Excelência certamente conhece.

Do mesmo modo que eu defendo que a Universidade é para quem deseja ser e servir de modo consciente e inequívoco, eu sou a favor da elevação dos padrões dos nossos programas de ensino, mediante uma redução significativa e urgente do atual volume de disciplinas dos nossos cursos de graduação, priorizando as que verdadeiramente ofereçam uma **real** chance de **formação** de nossos estudantes.

Creio que o país que investe na minoria que faz a ciência, **continua** e **persistentemente,** demonstrar ao longo do tempo e através de **méritos mensuráveis,** certamente encontrará resultados promissores pelo caminho. Os avançados científicos e tecnológicos só poderão ser percebidos a partir do momento em que possamos dispor de uma **massa pensante** capaz de absorver e liderar a própria evolução que se faz sentir nas nações que já praticam esta verdade.

Confio em seus extraordinários méritos e espírito patriótico para evitarmos a evasão dos nossos melhores cérebros dos quadros universitários e a continuada estagnação cientifica do nosso País, num momento em que crescem em nosso meio a **fome,** as **doenças** e muitos outros **problemas sociais** e **tecnológicos.**

Receba Vossa Excelência a certeza de minha constante defesa em favor dos mais altos valores da nossa Universidade e a convicção de que encontraremos no ilustre Professor o maior defensor do fortalecimento da **atividade cientifica** no Brasil.

(De uma carta enviada ao Presidente da Republica)